BALL IM KOPF

KULT UMS KICKEN

Beiträge von
Volker Albus, Carlos Boerner, Uta Brandes, Nils Jockel,
Welfhard Kraiker, Philip Niggemeyer, Gerrit Terstiege

Herausgegeben von Nils Jockel, Jens Oestreicher
Museum für Kunst und Gewerbe Hamburg, 2005

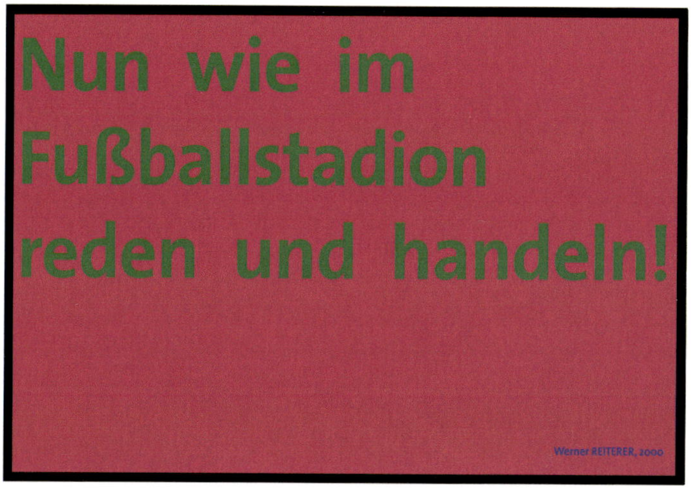

1 Werner Reiterer;
Tafel aus der Serie *The Site-Specific Mobiles*, 2000;
Print

CHANGING TIMES

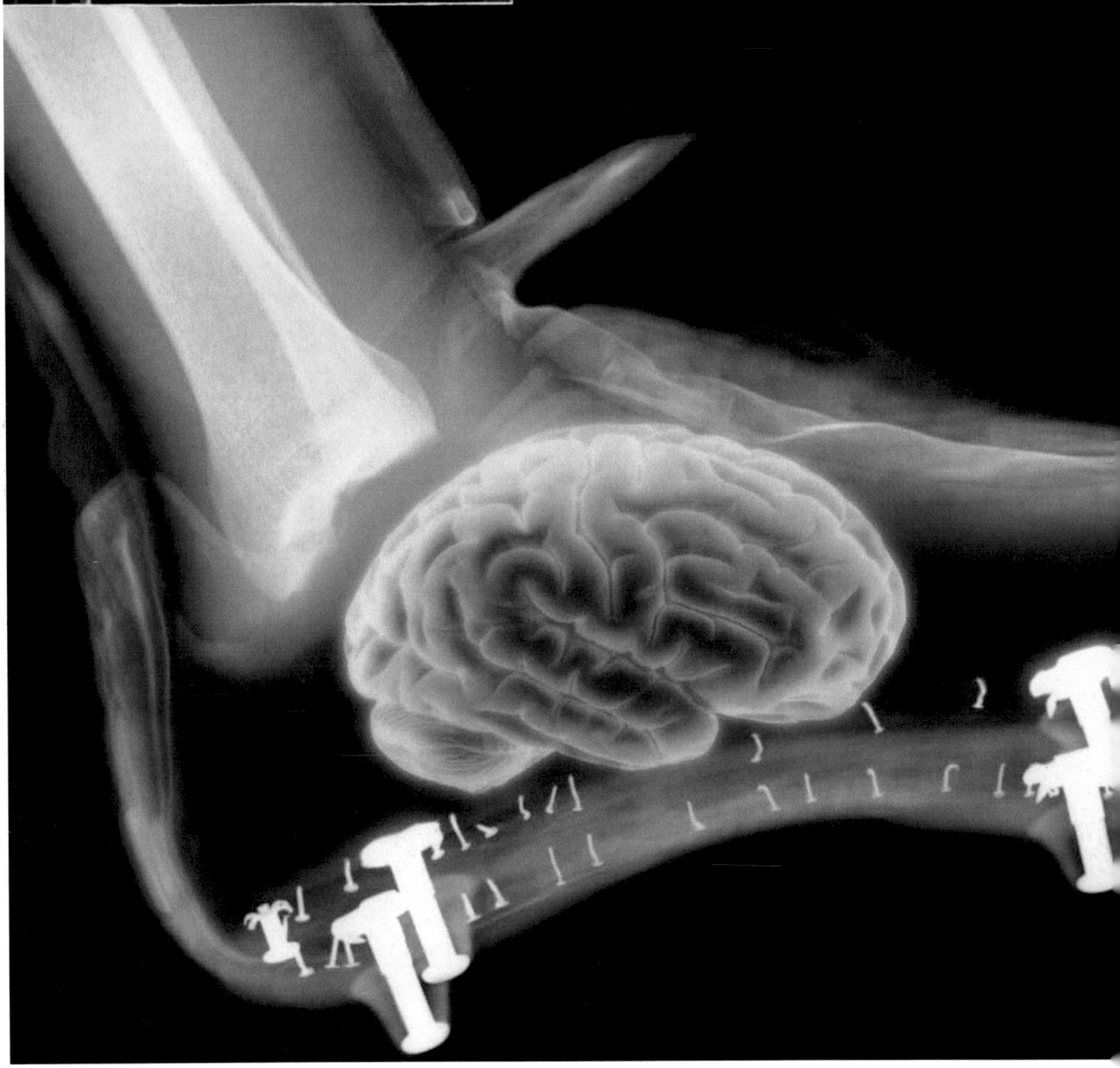

1 Anzeige aus der Kampagne *Under the skin of sport* für den Sportteil der Times; Agentur: Rainey Kelly Campbell Roalfe; Art Director: Graham Storey

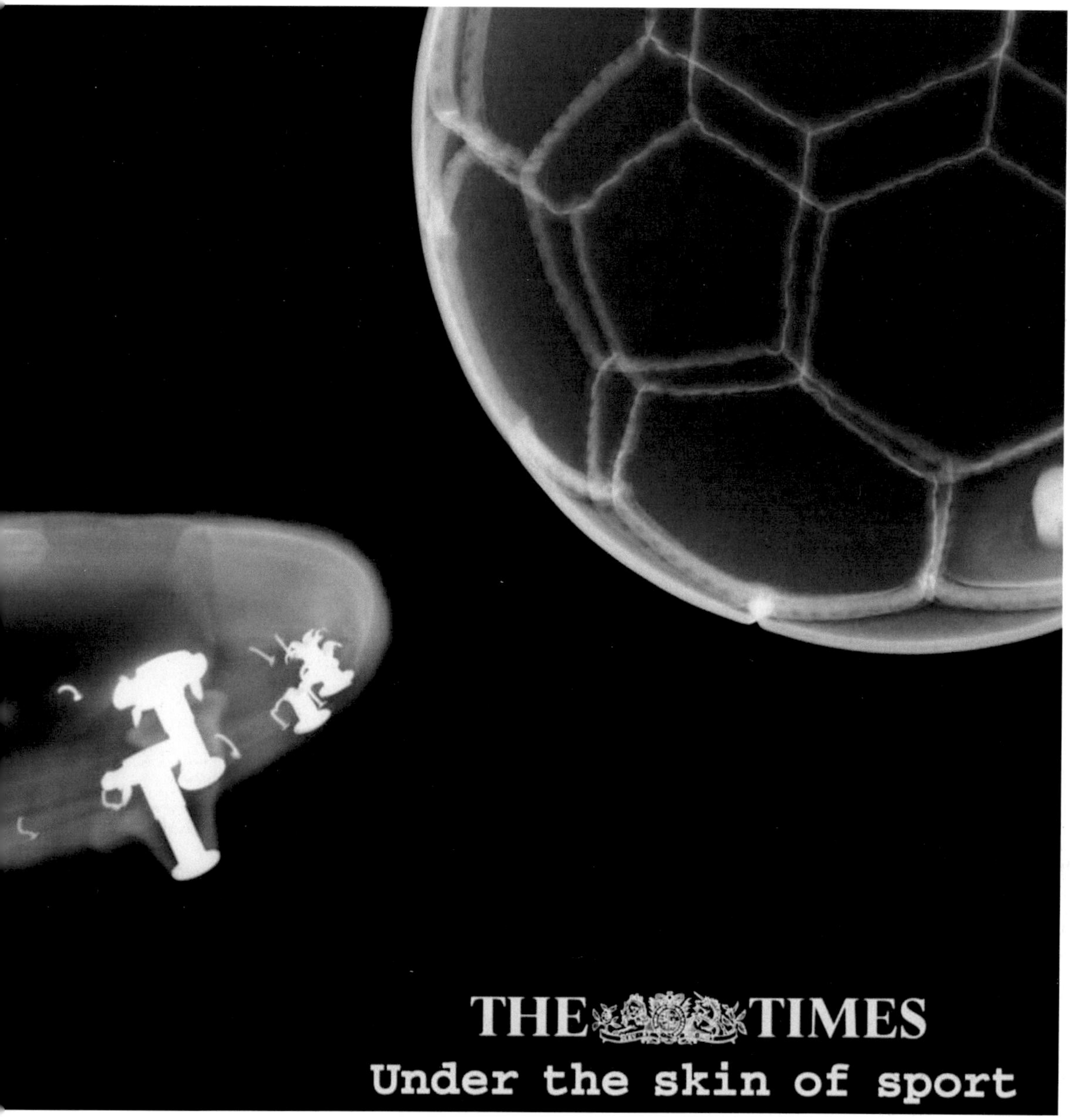
THE TIMES
Under the skin of sport

CHANGING TIMES

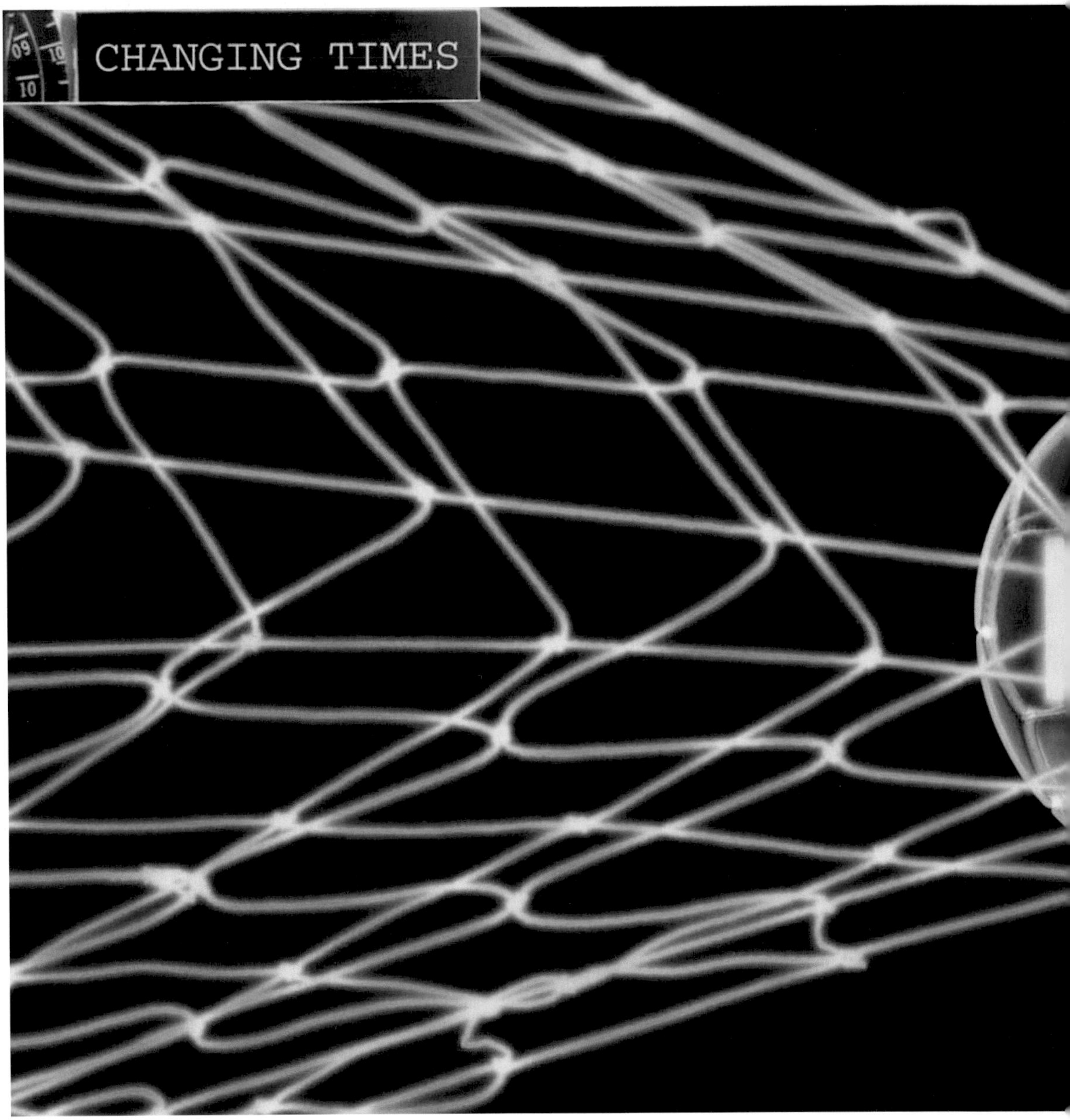

Anzeige aus der Kampagne *Under the skin of sport* für den Sportteil der Times;
Agentur: Rainey Kelly Campbell Roalfe;
Art Director: Graham Storey

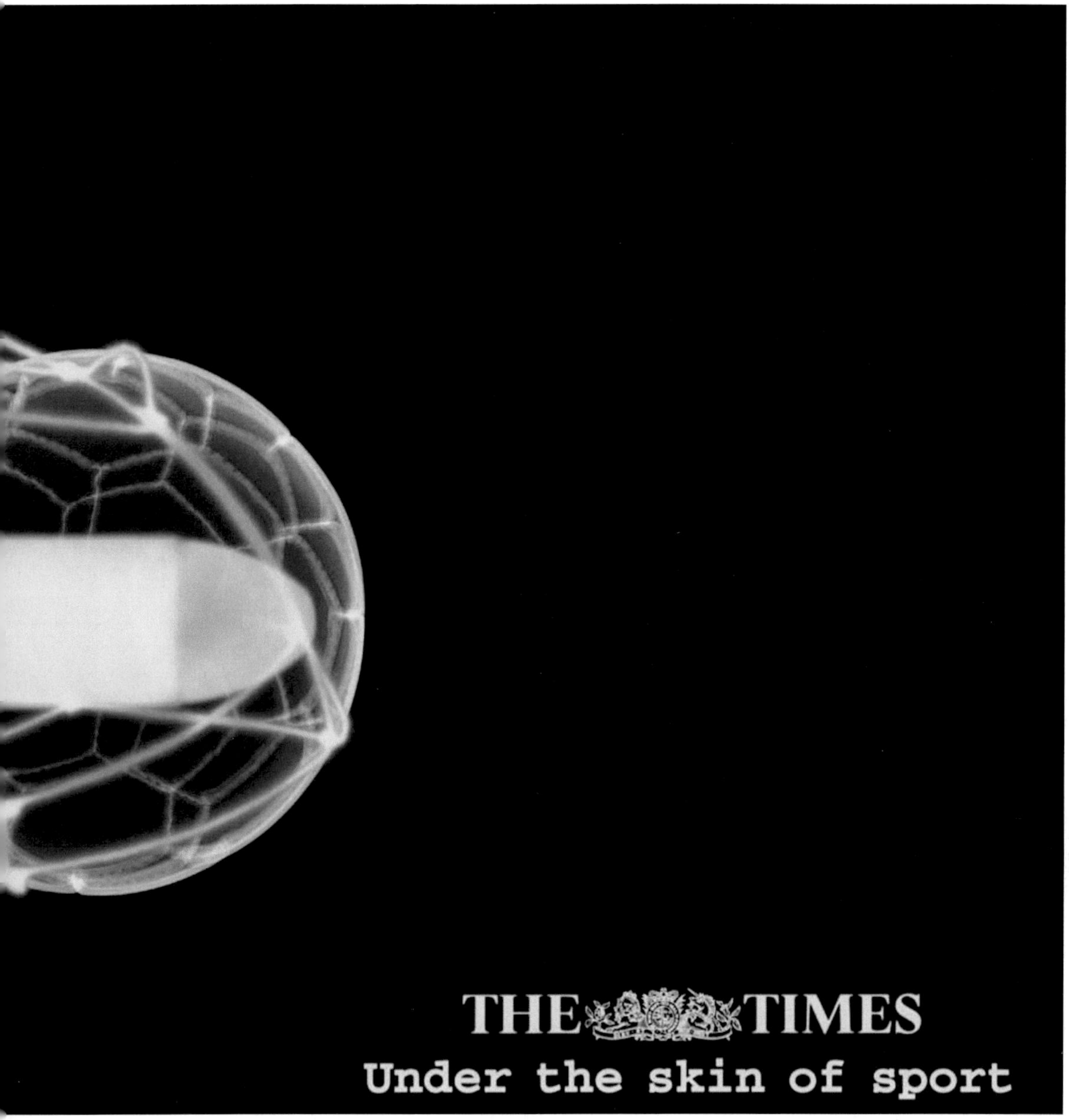
THE TIMES
Under the skin of sport

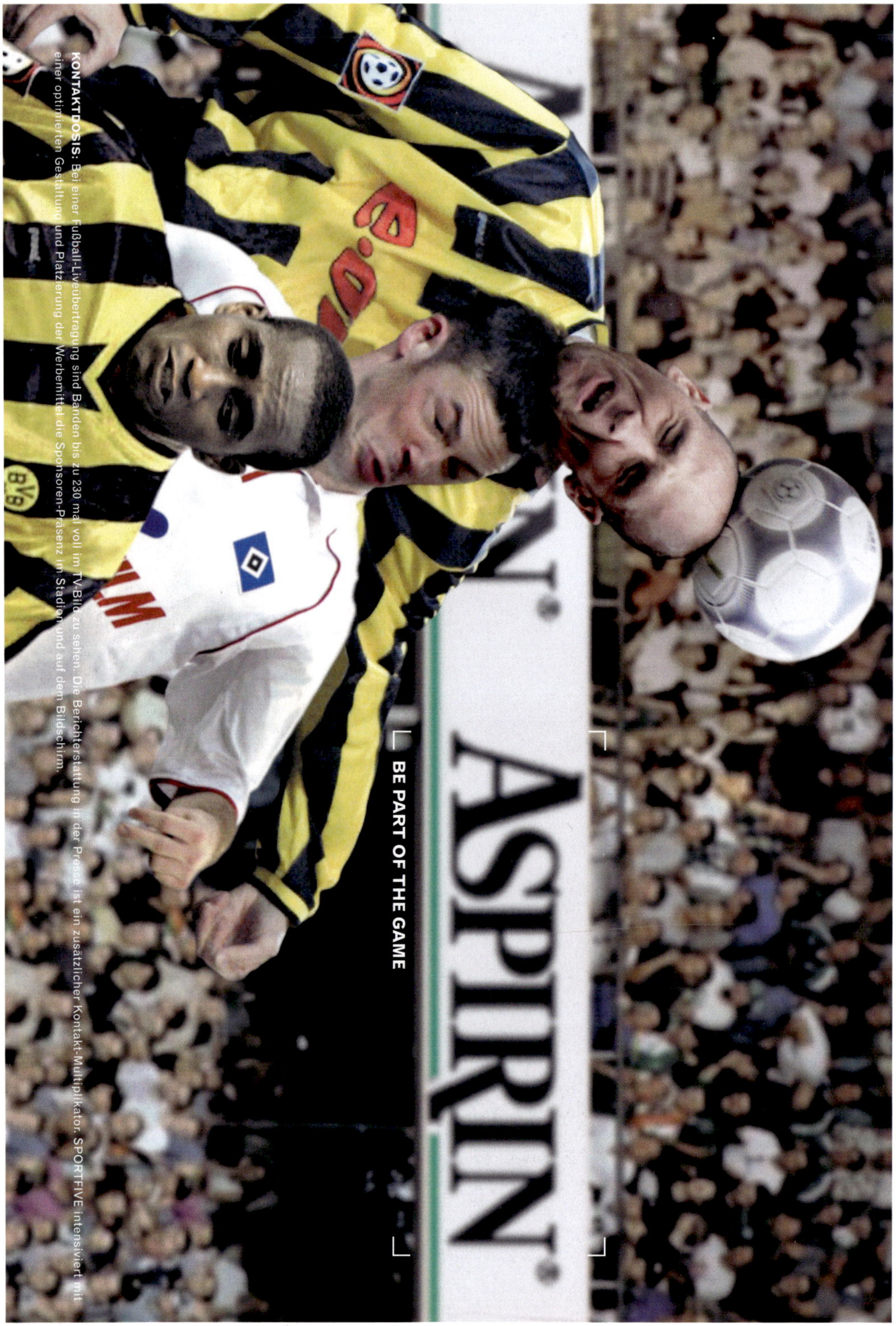

1 Anzeige aus der Sportfive Fachkampagne *Be part of the game*, 2003; Agentur: Nordpol; Creative Director: Lars Rühmann; Art Director: Kristoffer Heilemann, Mark Stehle, Gunther Schreiber, Bertrand Kirschenhofer; Text: Ingmar Bartels

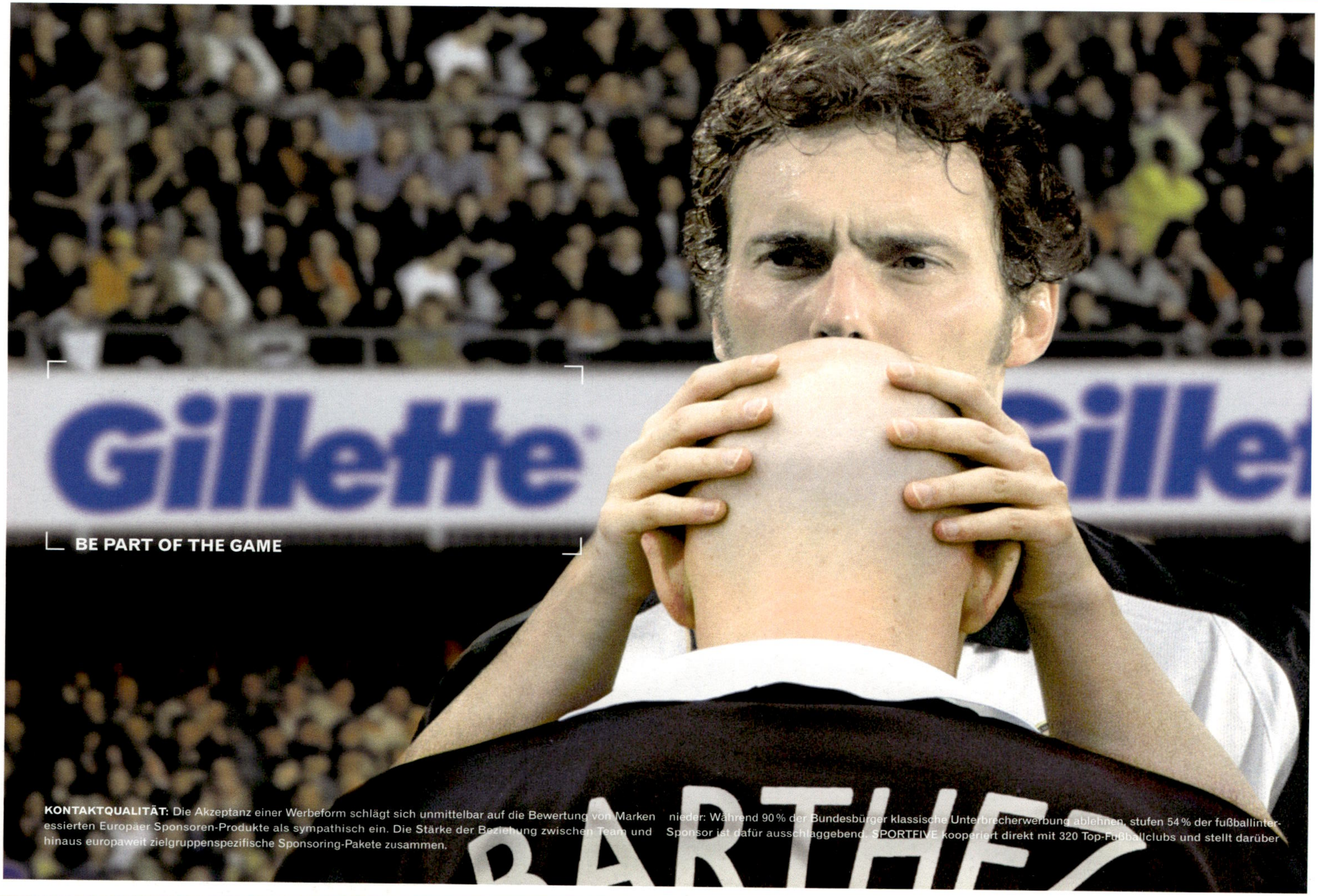

KONTAKTQUALITÄT: Die Akzeptanz einer Werbeform schlägt sich unmittelbar auf die Bewertung von Marken nieder: Während 90 % der Bundesbürger klassische Unterbrecherwerbung ablehnen, stufen 54 % der fußballinteressierten Europäer Sponsoren-Produkte als sympathisch ein. Die Stärke der Beziehung zwischen Team und Sponsor ist dafür ausschlaggebend. SPORTFIVE kooperiert direkt mit 320 Top-Fußballclubs und stellt darüber hinaus europaweit zielgruppenspezifische Sponsoring-Pakete zusammen.

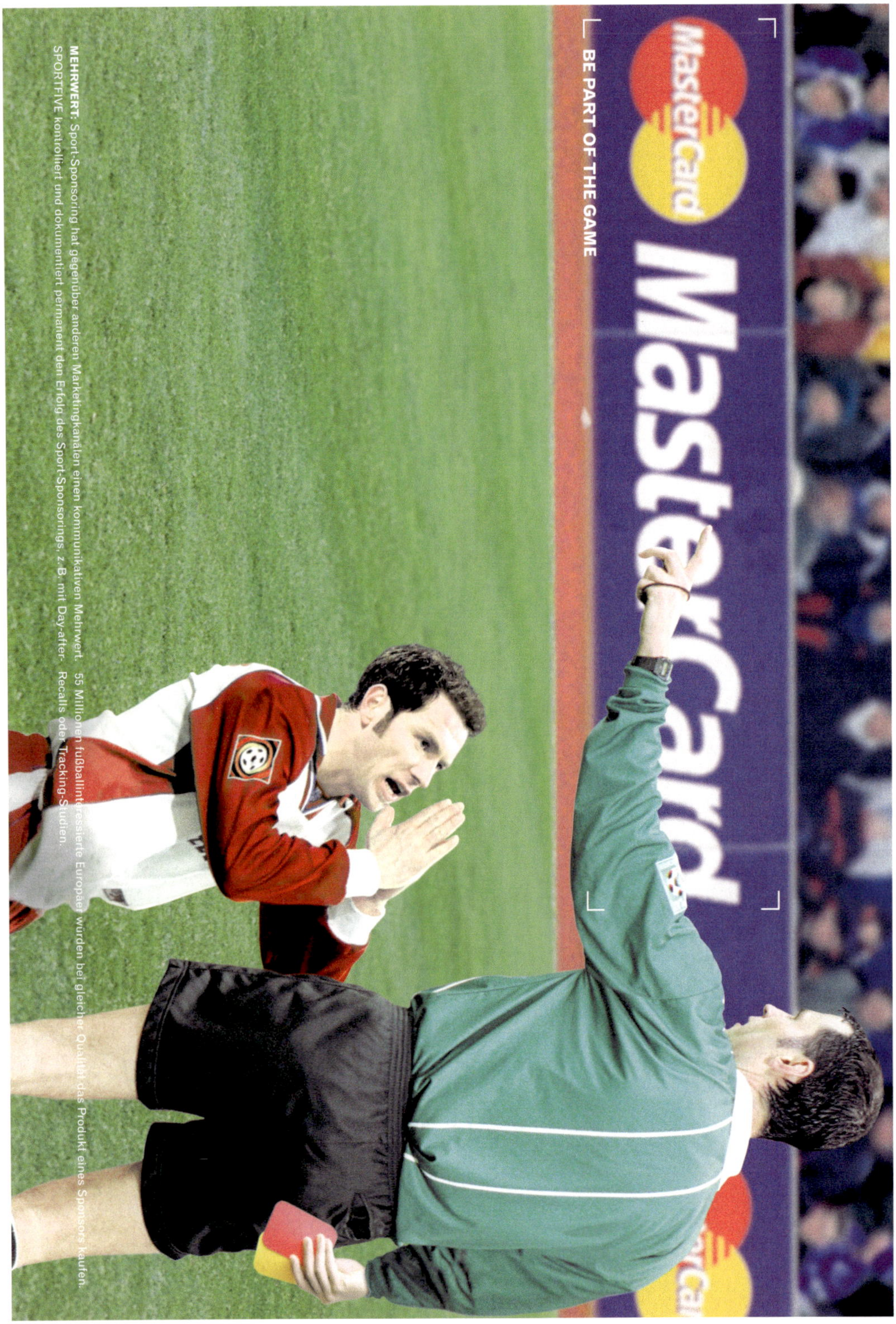

1 Anzeige aus der Sportfive Fachkampagne *Be part of the game*, 2003; Agentur: Nordpol; Creative Director: Lars Rühmann; Art Director: Kristoffer Heilemann, Mark Stehle, Gunther Schreiber, Bertrand Kirschenhofer; Text: Ingmar Bartels

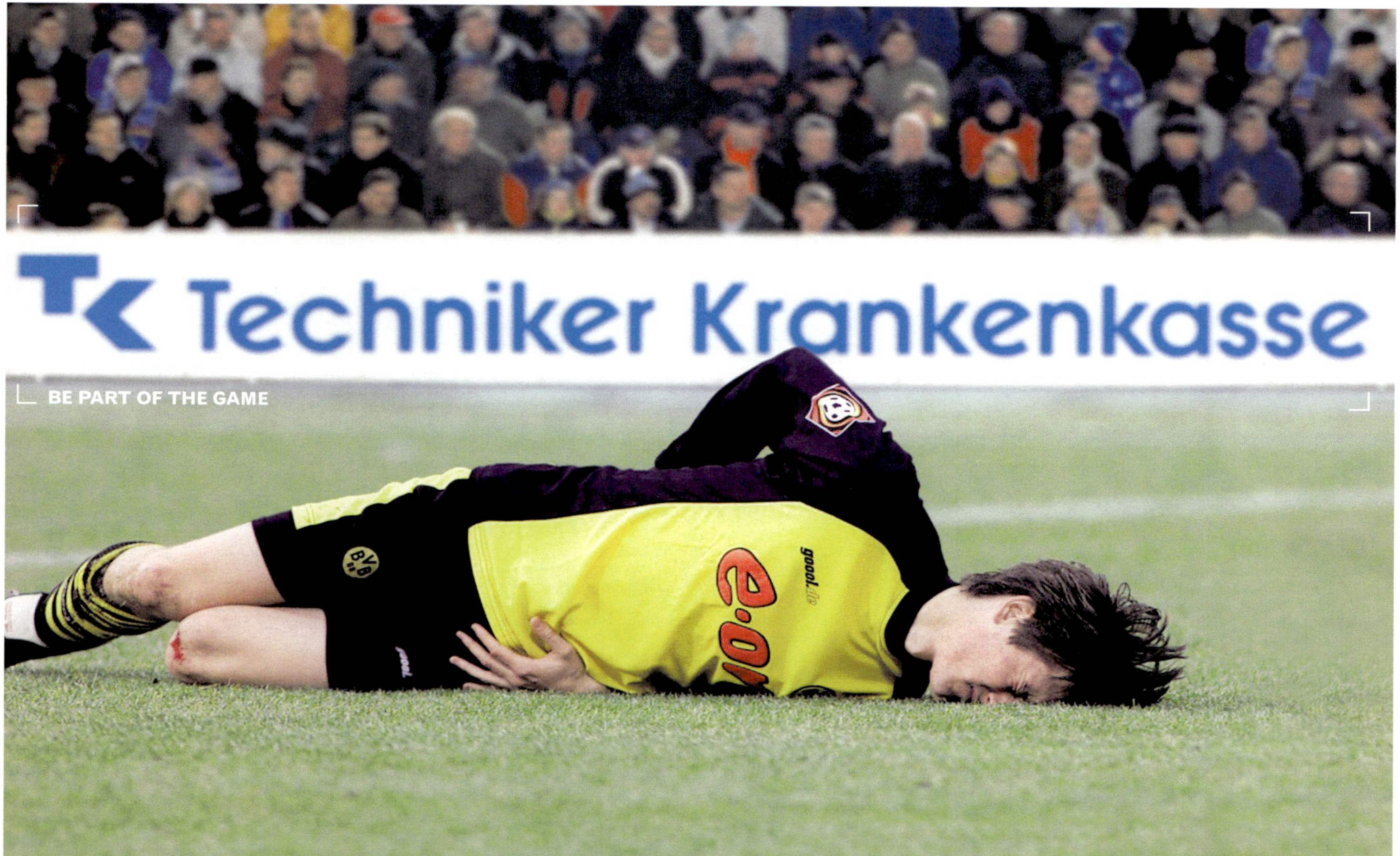

IDENTIFIKATIONSWERT: Das sporttypische Auf und Ab macht aus Fußballspielern Stars mit massen medialer Strahlkraft. Mehr als in allen anderen Sportarten feiern und leiden die Fußballfans mit ihren Mannschaften. Beispielhaft sind die Dortmunder Anhänger: Im Abstiegskampf (99/00) wie im Meisterjahr (01/02) war das Westfalenstadion zu über 90 % ausgelastet.

Bolzplatz im Kopf

Nils Jockel

Ein Mann auf der Straße – sieht das Ding kommen. Reflexartig steigt er zum Kopfball hoch. Pech eines Kick Versessenen: Es ist eine Bowlingkugel. Mit Brille wär' das nicht passiert. Oder: Ein Fußballspieler springt seinem Mannschaftskameraden nach gewonnenem Tor auf den Rücken. Er verharrt in der Umarmung – ein bisschen zu lang. Ist er schwul?

Szenen aus Werbefilmen, die von Fußball handeln, aber nicht dafür werben. Vielmehr für Optiker, Lottospiel, Mobilfunk, Kreditkarten oder für schwule Kontaktmagazine. Auch jedes andere Produkt wäre denkbar. Es sind Szenen, die trotz ihres unterschiedlichen werblichen Einsatzes eines gemeinsam haben: Sie beschreiben mehr oder weniger ungewöhnliche Verhaltensweisen von Menschen im Fußballrausch. Das geradezu magische Verhältnis vom Mann zum Ball ist kollektiv mit so vielen typischen Situationen, Orten, Gegenständen, Personen und Handlungen verbunden, dass die Werbung mit seiner Thematisierung hohe und positive Aufmerksamkeit für ihre Inhalte erlangt. Nicht weniger als Sex eignet sich auch Fußball zur emotionalen Aufladung von beworbenen Produkten.

Was aber macht Fußball für Menschen so wichtig, dass um ihn - auch weit abseits des eigentlichen Spiels – so viele Geschichten ranken und Weisheiten blühen? Sein Geheimnis ist wohl, dass er keines hat, dass alles so einfach ist, wie kein Heilslehrer das Leben einfacher schildern könnte. Das seit Sepp Herberger viel beschworene „Runde" und das „Eckige" sind nicht mehr als der runde Ball und das eckige Tor. Nicht mehr und nicht weniger. Und weil das so ist, kann ein Spieler oder Trainer dazu auch nicht viel mehr sagen.

Dennoch hat das im Ergebnis Wenige, das dennoch unermüdlich zitiert wird, für viele große Bedeutung – insbesondere, wenn die Aussagen die Einfachheit des Grundsätzlichen, wenn nicht gar der Welterkenntnis, umweht: „Der Ball ist rund", „Der nächste Gegner ist immer der schwerste" und „Ein Spiel dauert 90 Minuten" und sepp weiter... und sepp weiter...

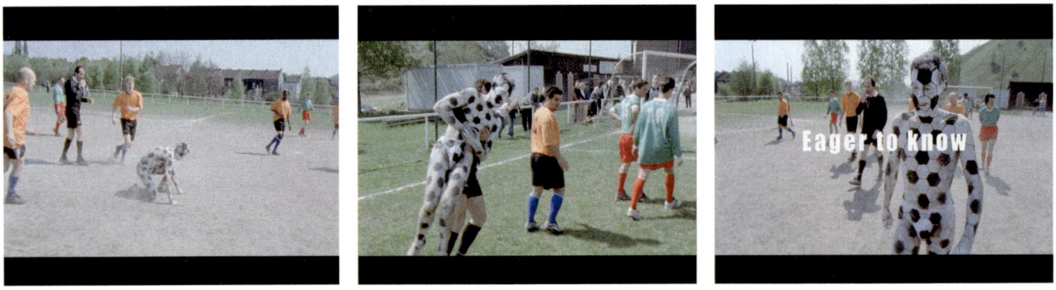

Fußballerlebnis und Lebenserkenntnis liegen nahe beieinander.

Tägliche Erfahrungen von Glück und Benachteiligung, von Unfairnis, Übermut oder Selbstzweifeln, von Gemeinschaft und kollektiven Vorurteilen, von Kindheitserinnerungen und Angst vor dem Abstieg, sie alle sind im Fußball wach – ob bei Spielern, Fans oder Kommentatoren. Fußball gleich Leben. So rund wie der Ball, so unberechenbar und immer in Bewegung ist das Leben, sind die Gedanken. Wie das Runde nie auf direktem Weg und manchmal auch gar nicht ins Eckige geht und so dem Spiel erst seinen Lauf gibt, so kicken auch die Phantasien mit ihren Projektionen, Aggressionen und Regressionen auf dem Bolzplatz im Kopf. Dort ist ganz anderes möglich, als auf dem Spielfeld, wo Regeln und Normen korrekten Verhaltens Gesetz sind.

1 Stills aus dem Werbefilm *Soccer*,
Agentur: Duval Guillaume Bruxelles;
Regie: Lionel Goldstein; Produktion: CZAR;
Kunde: DeMorgen Newspaper; [DVD]

Im Kopf bestimmt nicht nur der strahlende Held die Szene.

Während es auf dem Spielfeld genauso zugeht, wie in der richtigen Welt, dass nämlich die Starken gewinnen und im Mittelpunkt stehen und die Schwachen verlieren, richten sich die Phantasien der dem Fußball Verfallenen nicht nur auf die Sieger, sondern auch auf die Ver- und Entrückten. Sogar in Schoßhunden, Hamsterkäfigen und den Spielgeräten ihrer Kinder erkennen sie geeignetes Material zum Kicken und deuten aus den Klecksografien eines tiefenpsychologischen Tests wichtige Spiele. Hier können die Männer, die sich als Opfer von Ehe und Familie sehen, im Fußball Befreiung erfahren.

Und ein Reporter erscheint als ein guter Reporter, wenn er sich sogar bereit zeigt, sich in die Rolle eines Balles zu begeben, um so selbst ins Tor geschoßen zu werden. Fußball im Kopf ist eine andere Welt. Er verknüpft Orte, Gegenstände, Rituale und Sprache und beseelt sie mit weltweit bekannten Akteuren und Szenarien zu einer eigenen Welt, die, je mehr die Medialisierung um sich greift, nach immer mehr Ausdruck, Gestaltung und Fortentwicklung verlangt.

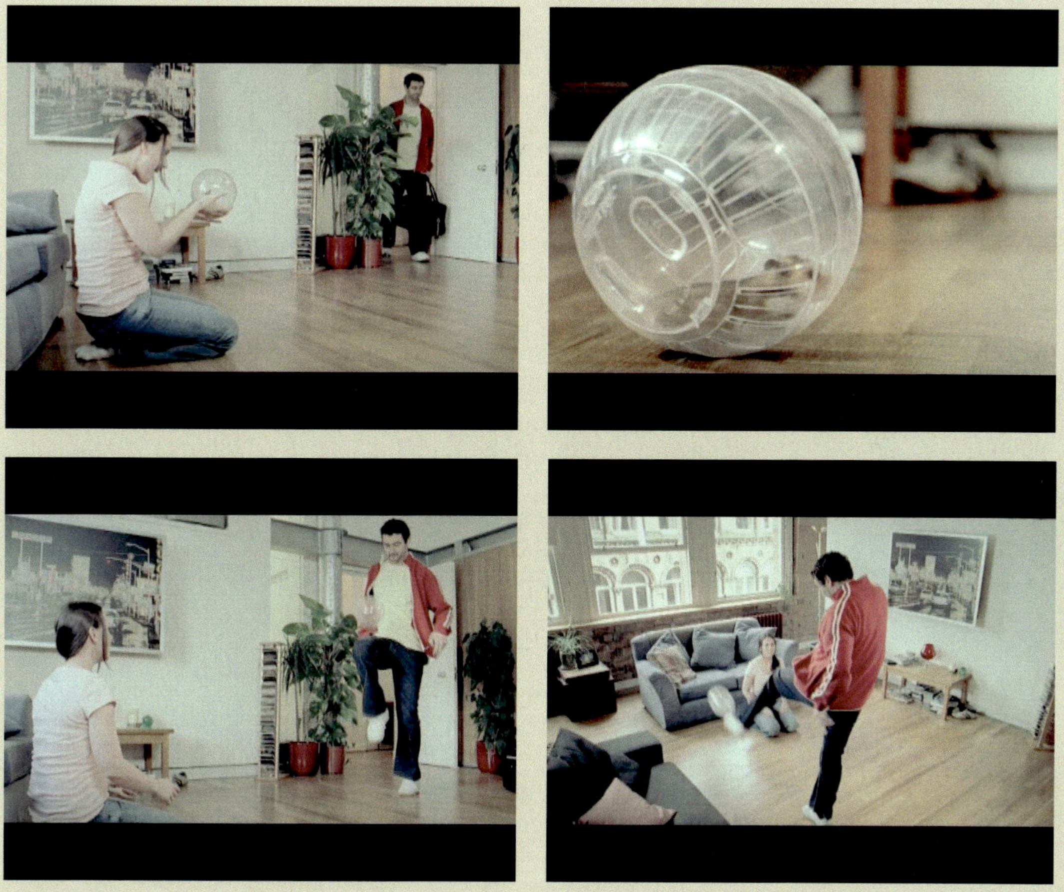

1 Stills aus dem Werbefilm *Hamster*; Agentur: Newhaven; Producer: Roger Goldie; Regie: Stuart Elliot; Creative Team: Zane Radcliff, Gareth Howells; Produktion: MTP Glasgow; Kunde: Powerleague; [DVD]

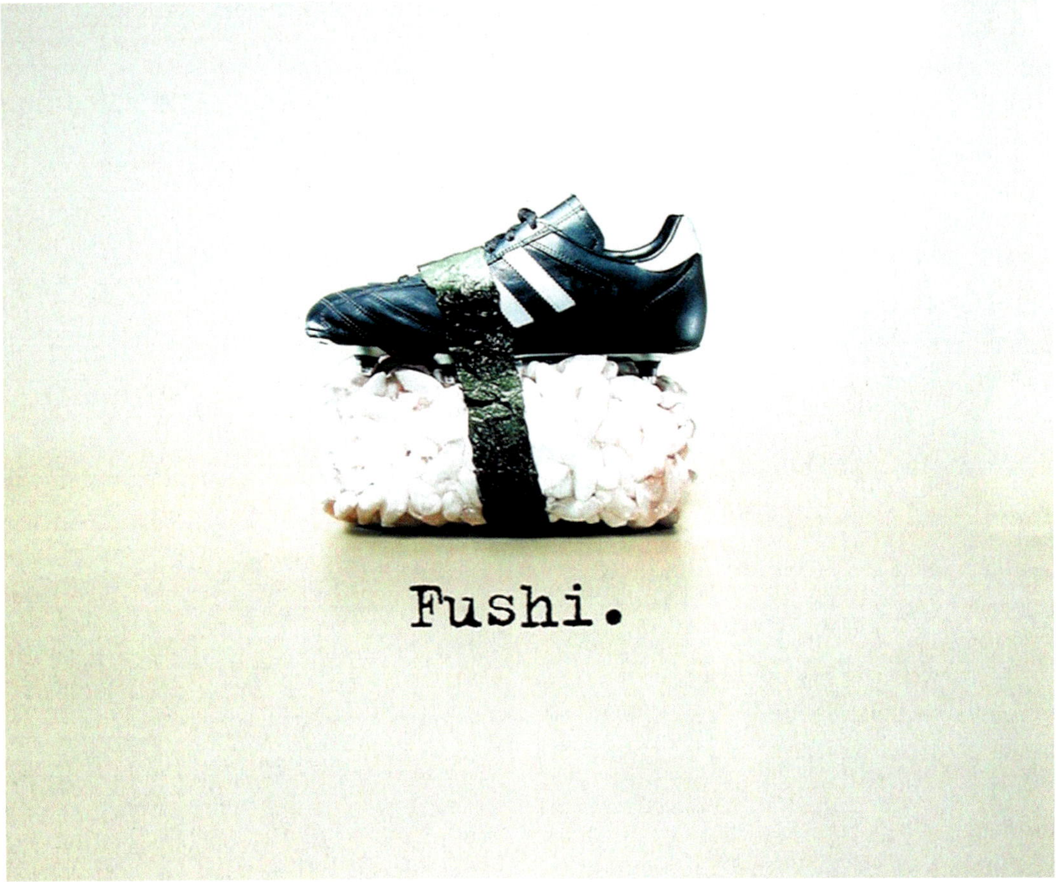

Moden, Möbel und Accessoires entstehen, die längst nicht mehr nur Fanartikel sind. Dazu sehen sich auch die Literatur, das Theater, der Film und die Bildende Kunst berufen, dem Ball im Kopf Ausdruck zu verleihen. Und die Politik hat sich längst auf vielfältigste Weise mit dem Ball ins Bild gesetzt, um über den Kult ums Kicken massenhaft die Köpfe zu erreichen. Wer mit den Chiffren des Fußball umzugehen weiß, kann damit mehr oder weniger differenziert fast jedes Thema ansprechen – ob Nationalbewusstsein oder Weiblichkeit, Sportpolitik, Flachbildschirme oder Kaltgetränke.

Das kollektive Fußballgedächtnis hat für alles seine Worte, seine Bilder und Erinnerungen.

Je mehr die Medien über Marken, Stars und Ereignisse zu berichten wissen, desto reicher wird das kreative Reservoir, aus dem sich die Gestalter bedienen. Man darf gespannt sein, ob das Feuerwerk an Bildern und Geschichten, das sich in jüngster Zeit keineswegs nur im Land der Weltmeisterschaft 2006 um den Fußball entfacht hat, anhält. Angesichts der genau reglementierten Anzahl der Akteure,

1 Plakat der GEZ-Kampagne *Fushi* (Ausschnitt), 2003;
Agentur: TöpferGrenvilleCrone;
Creative Director: Dirk Wäger;
Art Director: Philipp Pahl;
Foto: Christian Lohfink

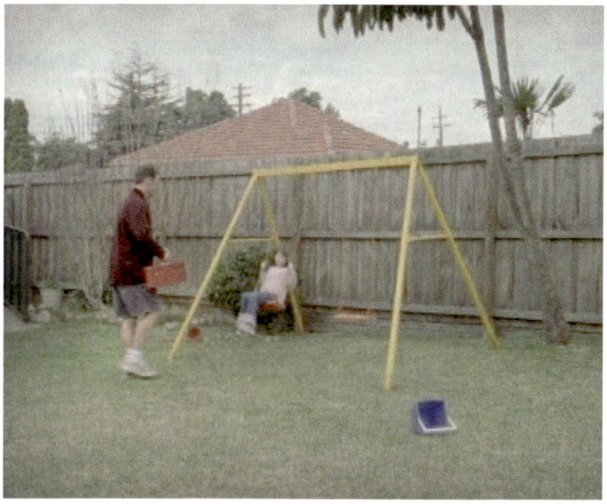

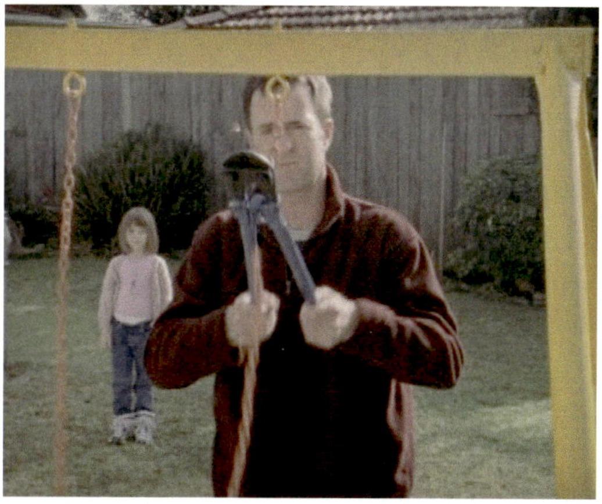

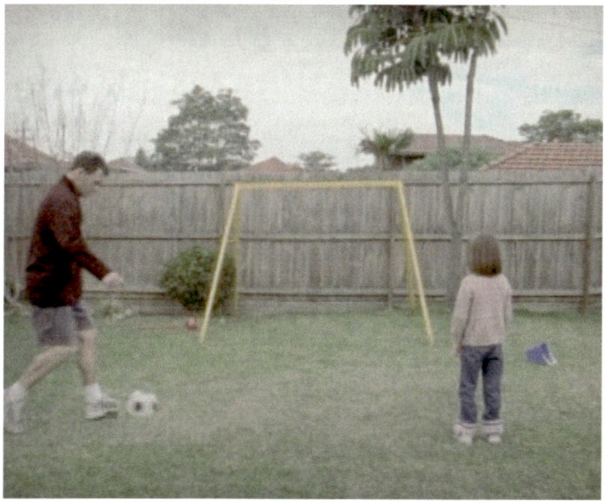

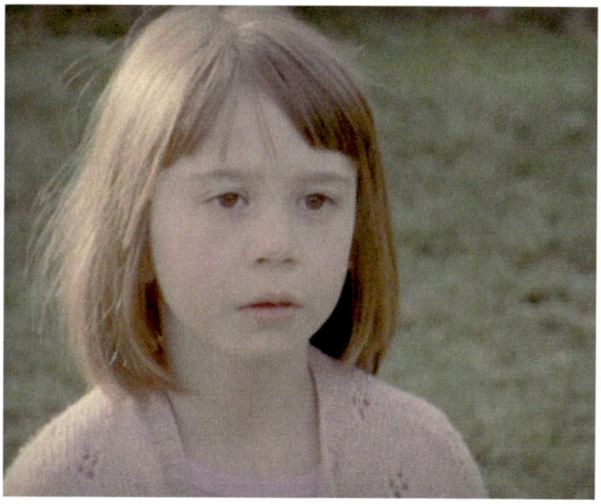

der eher dürftig ausgestatteten Bühne und dem begrenzten Handlungsrahmen, den das Fußballspiel bietet, fällt es schwer, sich noch größere Fortentwicklungen vorzustellen. Wenn man sich allerdings vergegenwärtigt, wie eng noch vor einigen Jahrzehnten der Kult um Fußball auf das bloße Spiel, die Traditionen der Vereine und die Biographien seiner Spieler beschränkt war und gesellschaftlich kein großes Ansehen genoss, erscheint die aktuelle Entwicklung, mit der der Fußballkult in fast alle Lebensbereiche hineinreicht, geradezu explosionsartig. Gewiss: Auch der Fußball wird nur ein Sport bleiben.

Aber als die weltweit beliebteste Sportart steht der Fußball im Aufmerksamkeitsfokus des globalen Dorfes, der die Spieler, die einstmals auf Plätzen vor kleinem Publikum spielten, zu Markenrepräsentanten in kompliziert gebauten Markenwelten hat werden lassen.
Da nun also sehr viel mehr Geld und sehr viel mehr Interessen im Spiel sind, dürfte der gestalterische Raum – vorausgesetzt Geist bleibt im Spiel – für den Ball im Kopf noch sehr viel größer werden.

1 Stills aus dem Werbefilm *Swings*; Agentur: Saatchi & Saatchi Australia; Creative Director: David Nobay; Producer: Bill Doig; Regie: Tim Bullock; Art Director: Noah Regan; Copywriter: Jason Mendes; Account Supervisor: David Flanagan; Produktion: Prodigy Films; DOP: Marcus Hides; Kunde: Fox Sports; [DVD]

Der Ball rollt einfach weiter

Welfhard Kraiker

Es ist völlig egal, ob man Fußball mag oder nicht mag. Ob man ihn blöde findet oder bezaubernd, oder notwendig, oder überflüssig. Er ist einfach da. So, wie die Milchstraße oder die Planeten; oder so, wie Ungeziefer einfach da ist und immer wieder kommt. Oder Erdbeben, Überschwemmungen und Hitzewellen.

Fußball ist schon längst ein Naturereignis,

ohne Chance, ihm auszuweichen, wie Naturereignisse das so an sich haben. Sein Erscheinen ist pünktlich und weit vorhersehbar. Anders als bei Erdbeben, Überschwemmungen und Hitzewellen. Das jedenfalls tröstet. Es ist völlig egal, ob man Fußball mag oder nicht mag. Durch schlichtes Dasein entzieht er sich der so oft bemühten Bewertung. Fußball gut? Fußball böse? Obwohl es Menschen geben soll, die das Dasein von Fußball als den fünften apokalyptischen Reiter erkannt haben wollen. Das muss man ja nicht unterstreichen. Dem Fußball ist das sowieso egal. Der Ball rollt einfach weiter. Das ist das Wunder. In den grauen Vorzeiten des Schwarz/Weiß-Fernsehens (Bern: „Tor! Tor! Tor!") und der Wochenschauen im Kino war so manches einfacher. Aus heutiger Sicht.

Die Fußballmode zum Beispiel. Die hieß damals „Turnzeug".

Da gab es nur sehr eingeschränkte Unterscheidungsmöglichkeiten – den Bildschirm, die Leinwand betreffend – für die gegeneinander kickenden Mannschaften. Eine Seite schwarze Hose und weißes Hemd, andere Seite weiße Hose und schwarzes Hemd. Oder natürlich, eine Seite ganz in Weiß, andere Seite ganz in Schwarz. (Halt, das ging nicht. Ganz in Schwarz war den Schiedsrichtern vorbehalten.) Das war's. Und natürlich schwarze Streifen auf Weiß und weiße Streifen auf Schwarz und Rauten und Schrägstreifen und Gitter und Schachbrettmuster, klar. Alle Farben aber, die sich in der Schwarz/Weiß-Übersetzung zu kaum unterscheidbaren Grautönen vermatschten, verboten sich. Wer will schon einen Haufen grauer Männchen umeinander laufen sehen? Manches war eben einfacher, und Fußball roch noch nach „Krummen Hunden", nicht nach „Cohiba".

So war das, nichts, aber auch gar nichts zu der überbordenden Buntheit und medialen Gepflegtheit der heutigen Inszenierungen. Alle Herrlichkeit der Erden wird aufgeboten, um der „schönsten Nebensache der Welt" ein farbig Wams überzustreifen. Mit nationaler Semantik aufgeladen. So findet sich bei den Iren, wie sollte es anders sein, unausweichlich irgendwo ein Grün. Und wenn's nur die Strümpfe sind. Die Deutschen immer irgendwie in Schwarz/Weiß. Wo da die Semantik bleibt, ist unklar. Erinnerungen an jene Fahne sollten sich verbieten. Hier ist Aufklärung gefordert. Und dann sind da ja noch die afrikanischen Staaten, deren Landesfarben keiner von uns drauf hat. Da machen wir praktischerweise Ableitungen von den Farbtupfen, die sich dort auf dem Grün abrackern, um auf die Landesfarben zu schließen. Was sollten wir auch sonst tun, außer im aktuellen Brockhaus nachzugucken? Ja, und was ist mit den Torhütern? Dürfen die eigentlich anziehen, was sie wollen? Frei nach Gusto? Eines ist festzustellen:

Grau ist eine immer beliebter werdende Torwartfarbe.
Vielleicht der Wunsch nach Unauffälligkeit.

Aber zu beobachten sind auch schwarz/violette Vertikalstreifen auf breiter Mannesbrust. Warum sagt denen niemand, dass das auch anders geht? Neben den Landesfarben tummeln sich natürlich die Vereinsfarben. Real Madrid. Die Königlichen, die Galaktischen. Ganz in leuchtendem Weiß. Unantastbar – in ständig demonstrierter Jungfernschaft zaubert diese internationale Besetzung ihre Bälle kunstvoll ins Tor, manchmal. Real Madrid, wie die Besatzung einer königlichen Hundertmillionen-Yacht in der Marina von Marbella – gerade von Bord gekommen, auf Landgang. Mucho suerte! Ach ja, etwas irritiert, die Yacht scheint einen ungewöhnlichen Namen zu haben: S-i-e-m-e-n-s steht nämlich auf den Uniformen drauf.

Die Bayern. Bayern München. Wieso ist deren (Teil)Hausfarbe eigentlich Rot? Semantisch gesehen, versteht sich. Wie kommt das Rot nach Bayern und an diese Mannschaft? Die Zeiten von Faust-Hoch-Breitner sind doch längst passé.

Das Schwarz der Hose erklärt sich ja von selbst. Semantisch gesehen, versteht sich. Die Borussen. Schwarz/Gelb. Nach Lüschertest nahe der aggressiven Paranoia. Aber das macht ja Sinn. Wer würde nicht flüchten vor einer zweibeinigen Horde wild gewordener schwarz-gelber Hornissen? Wenn's denn nützt, ist's ja gut. Aber das ist eben die Frage.

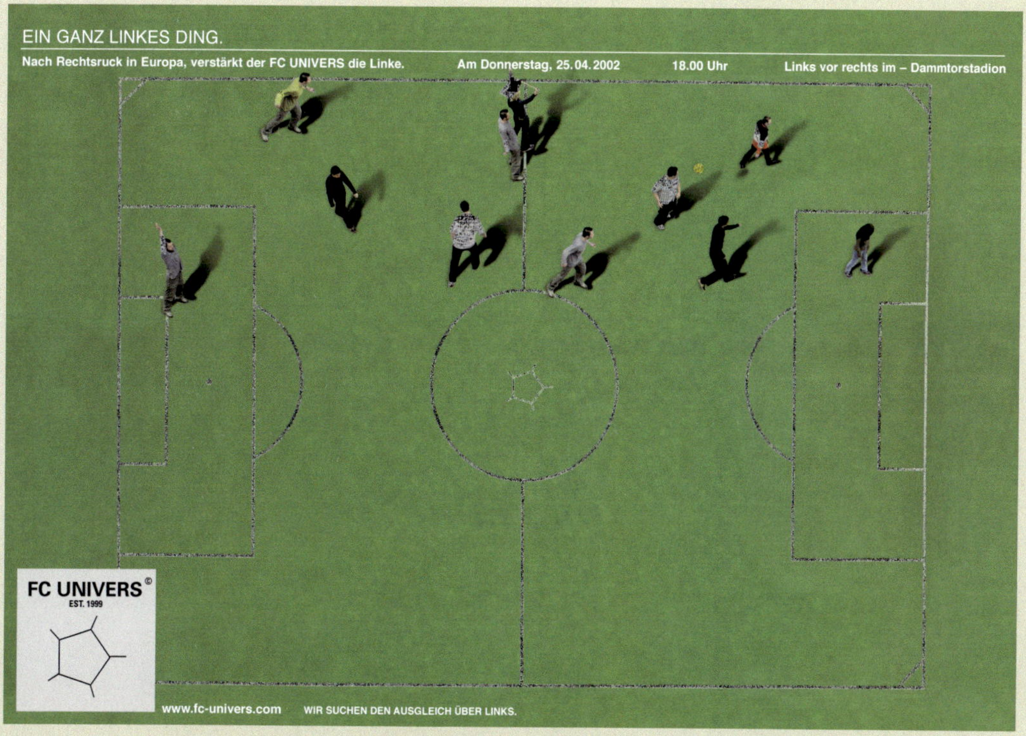

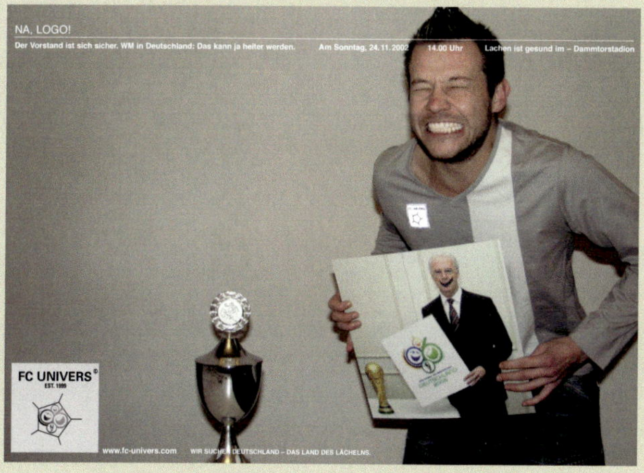

FC Univers

Christoph Steinegger, Simon Kämper und andere ehemalige Mitarbeiter des Büro X in Hamburg gründeten 2002 den Fußballverein FC Univers. Zu den immer sonntags stattfindenden Spielen wurde mit selbst gestalteten Mailings eingeladen, deren Bildmotive ironisch reflektierende Botschaften der Veranstalter wurde. Im Zuge dieses Mailing-Spaßes entwickelte das Büro X auch Fan-Produkte und eine Homepage.

1 E-mail-Kampagne des Fußball-Kultur-Clubs *FC Univers*, gestaltet von Simon Kämper, Christoph Steinegger, Roman Breier, Ingo Diekhaus, Sabine Feichtner, Jenny Grieger, Merten Kaatz, Marcel Riedmann, Maren von Stockhausen, Dirk Thieme; www.fc-univers.com; [DVD]

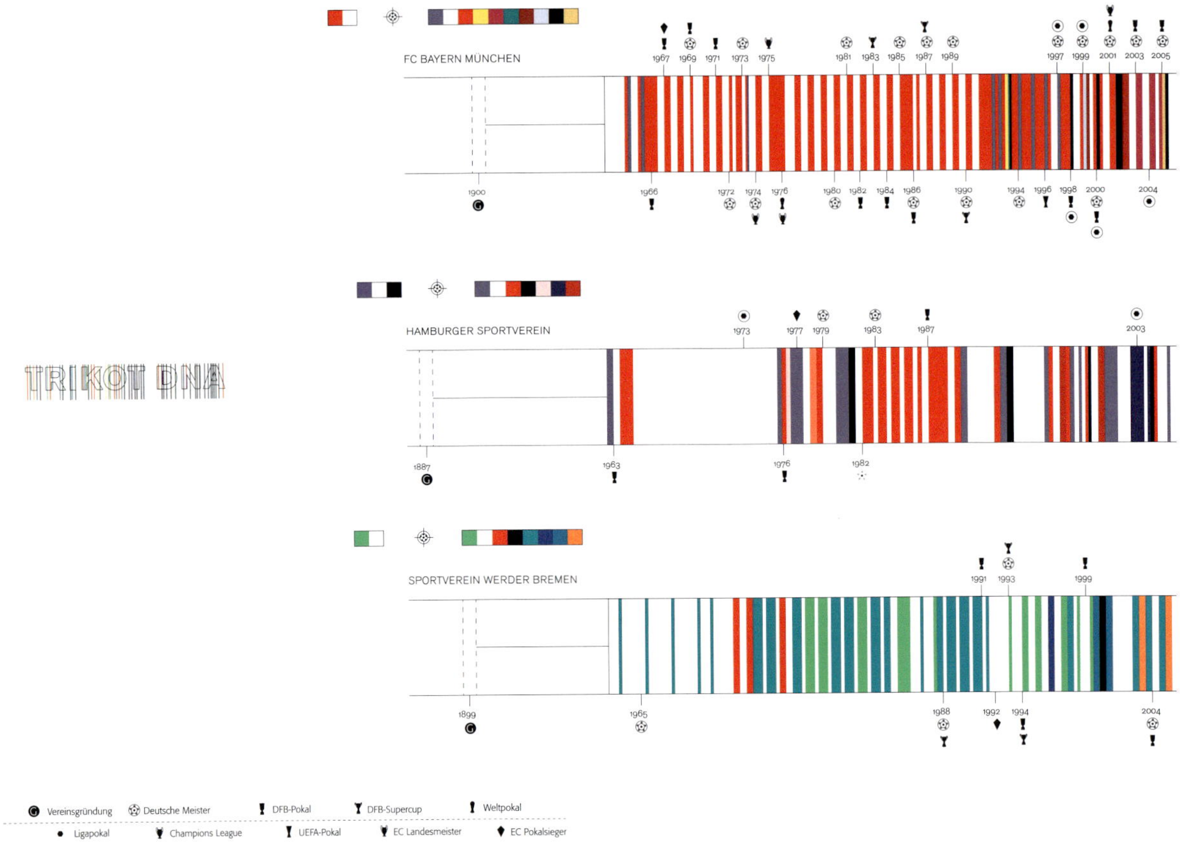

Zweitausendundsechs wird jenes Naturereignis Deutschland einholen. Die Weltmeisterschaft. Das Großereignis. Die Königin aller Fußballevents. Und damit wir endlich auch kapieren, dass Fußball zwar Fußball ist, aber eher doch mehr Kultur oder so, hat André Heller schon mal Künstlerplakate auflegen lassen. Von Sigmar Polke und Norbert Bisky zum Beispiel, immerhin. Was er nicht verhindern konnte, und das muss ihn wirklich wurmen, sind die drei dämlich grinsenden Mondgesichter, die der „Kaiser", Meyer-Vorfelder und andere Unbedarfte zum offiziellen Weltmeisterschaftslogo gekürt haben. So wie das aussieht, scheinen wir ein ziemlich albernes Volk zu sein. Dafür hat er aber den Riesenfußball erfunden. Den Begehbaren. Der vom Brandenburger Tor aus durch die Republik rollt und wieder zurück und frohe Botschaft verkündet.

Und etwas anderes hat er noch initiiert: Die Zeitschrift „Anstoß". „Die Zeitschrift des Kunst- und Kulturprogramms zur FIFA WM 2006", wie sie selbst erklärend bemerkt. Die ist nun wirklich ein volles Pfund, nicht nur vom Gewicht her. Viel Inhalt von vielen

1

Trikot DNA; Agentur: Pool 72 // Intermedia Design Hannover; Designer: Monika Torbica, Steffen Blandzinski, Leif Hesse
Pool 72 // Intermedia Design visualisiert schematisierend die farbliche Entwicklung von Vereinsfarben deutscher Fußball-Erstligisten. So entstehen einzigartige, vereinsspezifische Farbstränge – die Trikot-DNA. Vermutungen können angestellt werden: Stehen Vereinserfolge in Zusammenhang mit der Trikotfarbe? Wohin entwickelt sich die Trikot-DNA der Vereine?

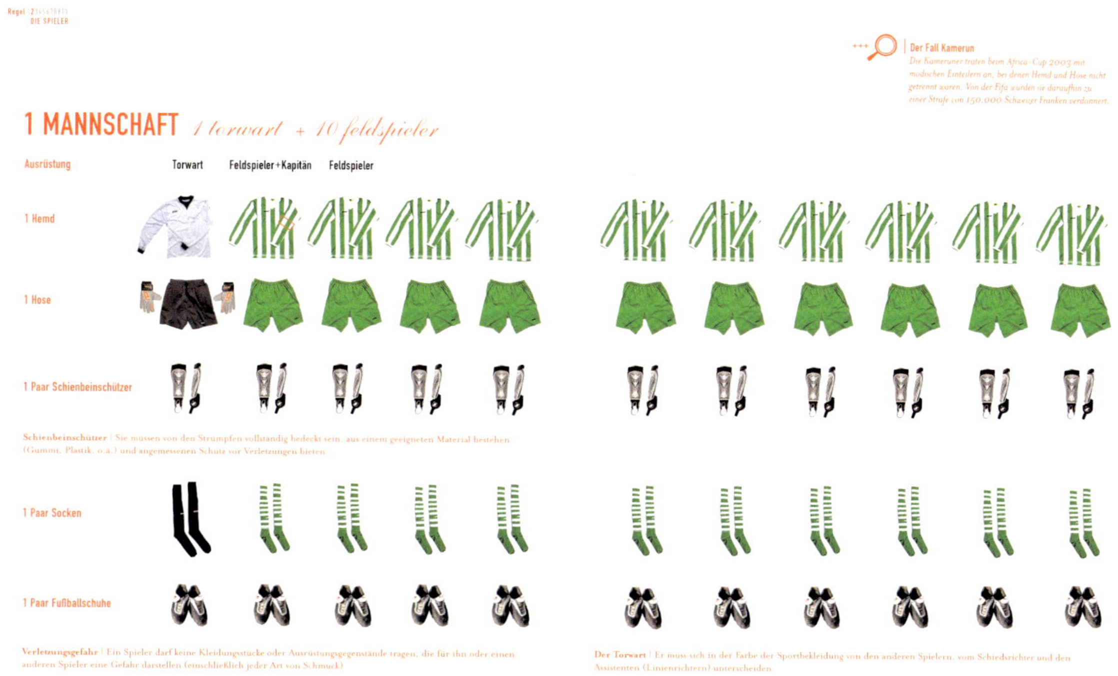

klugen Menschen. Die Süddeutsche meint: „Es ist kein Buch, aber auch keine Zeitschrift, eher wirkt das zweisprachige Werk wie der Katalog einer vielgestaltigen Veranstaltung. Inhaltlich ist „Anstoß“ ein Feuilleton des Fußballs: ernsthaft, vergnügt, amüsant, gelehrig, verrückt.“ Na bitte, das ist doch was.

Und so werden wir der Welt beweisen, dass das Land der Dichter und Denker immer noch dichten und denken kann. Man freue sich schon jetzt auf das Gespann Delling-Netzer. Eine der wirklich besseren Talkrunden. („In der ersten Hälfte der ersten Halbzeit sind wir nicht ins Spiel gekommen. Das dürfen wir nicht.“ sagt unser Exprofi.) Ist eben Live. Auch Sprache gehört zum Corporate Design. Und seit Walter Jens sich über Fußball in DIE ZEIT verbreitet hat (das ist lange her), wissen wir ohnehin, was wir bis dahin noch nicht wussten, dass dieser Sport eher etwas für Kopffüßler, für Intellektuelle ist.

Viel auszuhalten hat der Fußball. Aber wie gesagt: Es schert ihn nicht. Der Ball rollt einfach weiter. Das ist das Wunder.

1 Sabrina Grimm; Schematische Darstellung der Fußballgrundausstattung aus *Erzähl mir mehr über Fußball. Ein Buch für Frauen*; Diplomarbeit FH Augsburg 2005, S.10f

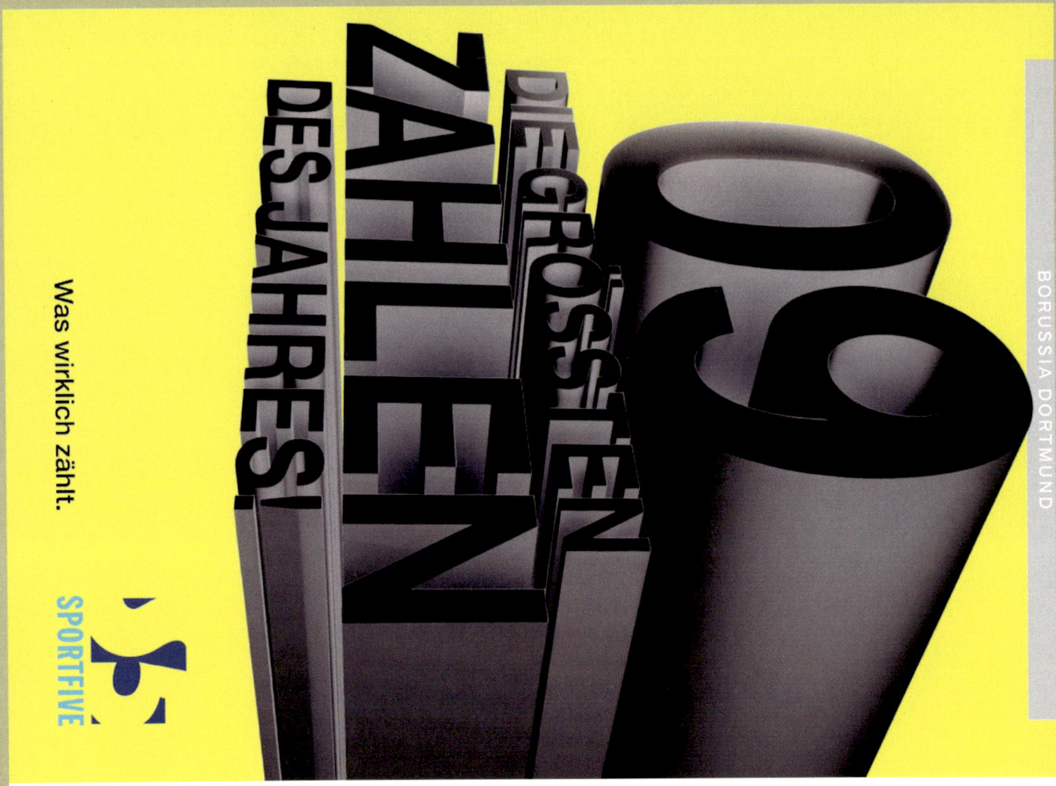

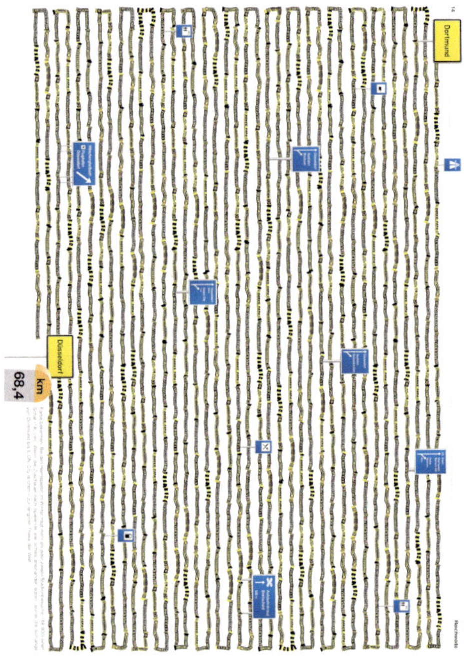

1 Auszug aus der Imagebroschüre für Borussia Dortmund *Die größten Zahlen des Jahres*; Agentur: Nordpol Hamburg; Creative Director: Lars Rühmann; Art Director: Gunther Schreiber, Christoph Bielefeldt; Grafik: Christoph Bielefeldt, Bertrand Kirschenhofer, Philipp Doerner; Text: Ingmar Bartels

1:1000

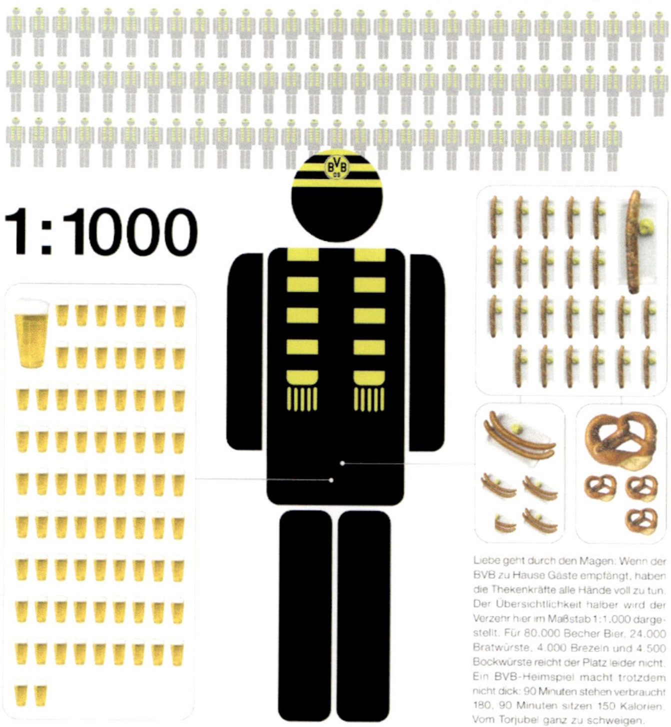

Liebe geht durch den Magen: Wenn der BVB zu Hause Gäste empfängt, haben die Thekenkräfte alle Hände voll zu tun. Der Übersichtlichkeit halber wird der Verzehr hier im Maßstab 1:1.000 dargestellt. Für 80.000 Becher Bier, 24.000 Bratwürste, 4.000 Brezeln und 4.500 Bockwürste reicht der Platz leider nicht. Ein BVB-Heimspiel macht trotzdem nicht dick: 90 Minuten stehen verbraucht 180, 90 Minuten sitzen 150 Kalorien. Vom Torjubel ganz zu schweigen.

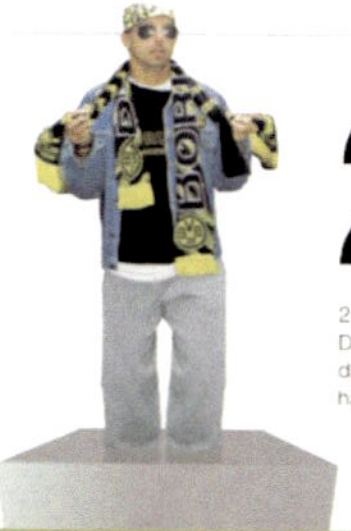

2.000 t

24.912 Zuschauer passen auf die Südtribüne. Das entspricht einem Gewicht von 2.000 Elefanten. Daraus lassen sich zwei Schlussfolgerungen ziehen: Die Südtribüne ist sehr gewichtig und wenn sie das Gefühl hat, dass das Spiel ganz und gar nicht so läuft, wie sie sich das eigentlich vorgestellt hatte, dann wird es in allen Porzellanläden Deutschlands ungemütlich – bildlich gesprochen.

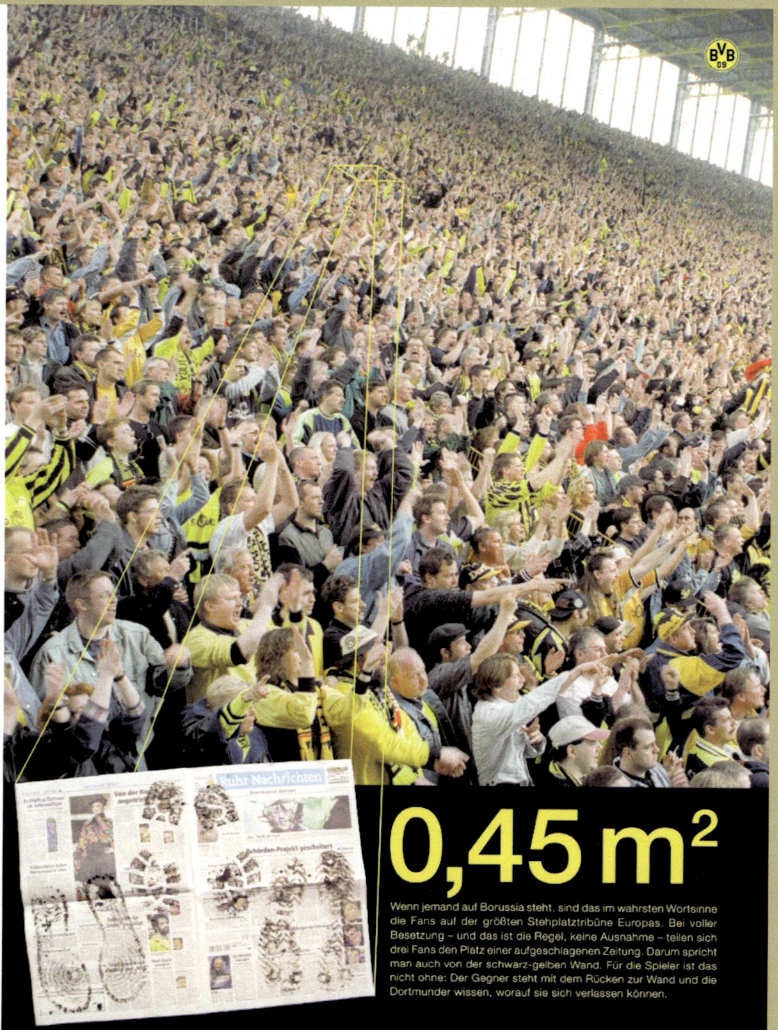

0,45 m^2

Wenn jemand auf Borussia steht, sind das im wahrsten Wortsinne die Fans auf der größten Stehplatztribüne Europas. Bei voller Besetzung – und das ist die Regel, keine Ausnahme – teilen sich drei Fans den Platz einer aufgeschlagenen Zeitung. Darum spricht man auch von der schwarz-gelben Wand. Für die Spieler ist das nicht ohne: Der Gegner steht mit dem Rücken zur Wand und die Dortmunder wissen, worauf sie sich verlassen können.

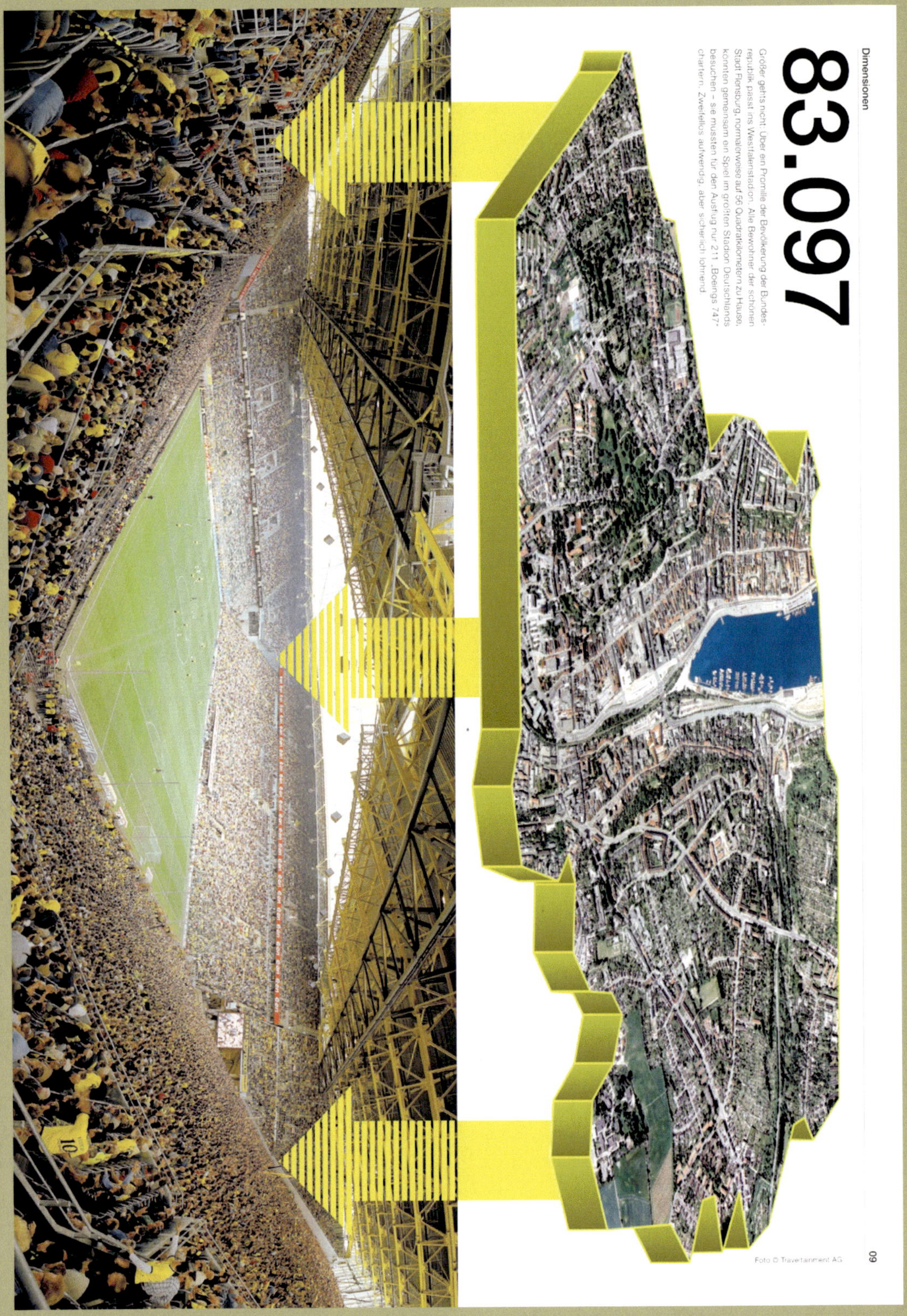

1 Auszug aus der Imagebroschüre für Borussia Dortmund *Die größten Zahlen des Jahres*; Agentur: Nordpol Hamburg; Creative Director: Lars Rühmann; Art Director: Gunther Schreiber, Christoph Bielefeldt; Grafik: Christoph Bielefeldt, Bertrand Kirschenhofer, Philipp Doerner; Text: Ingmar Bartels

78.808

Es ist so weit: Der BVB lässt in der Saison 2003/2004 Real Madrid, Manchester United, AC Mailand und alle anderen Clubs hinter sich und hat den höchsten Zuschauerschnitt in ganz Europa. 16,3% mehr Zuschauer als in der Vorsaison, mehr als doppelt so viel im Vergleich zu 1990. Auch die Auslastung von 93% ist ein Spitzenwert. Davon kann Juventus Turin nur träumen. (Quelle: European Football Statistics: IV 2004)

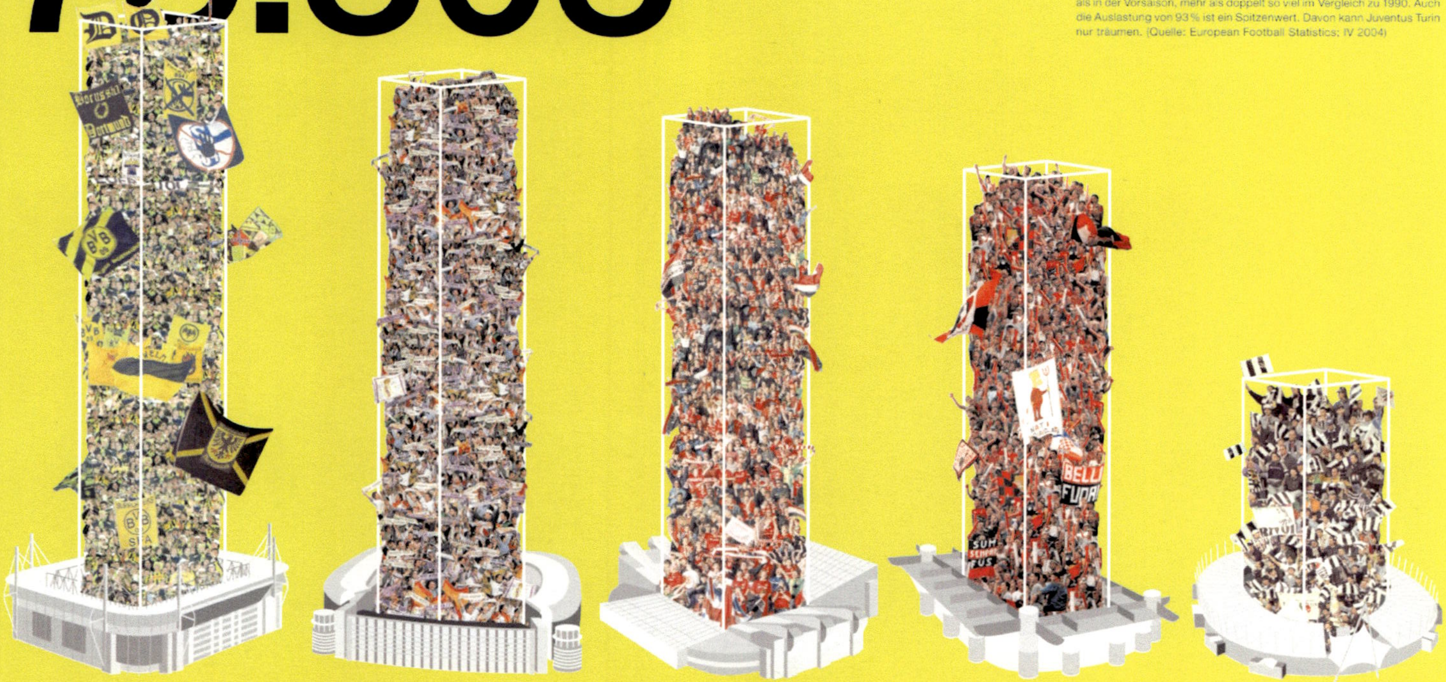

Borussia Dortmund ø 78.808
(Kapazität 83.097)

Real Madrid ø 70.990
(Kapazität 80.162)

Manchester United ø 67.646
(Kapazität 68.409)

AC Mailand ø 61.334
(Kapazität 85.700)

Juventus Turin ø 34.997
(Kapazität 67.229)

TOP 40 EUROPA

1 Borussia Dortmund (78.808) **2** Real Madrid CF (70.990) **3** FC Barcelona (69.727) **4** Manchester United (67.646) **5** AC Mailand (61.334) **6** FC Schalke 04 (61.103) **7** Celtic Glasgow (58.437) **8** Inter Mailand (56.897) **9** AS Rom (55.413) **10** FC Bayern München (52.365) **11** Newcastle United (51.927) **12** Olympique Marseille (51.914) **13** Glasgow Rangers (49.158) **14** Ajax Amsterdam (48.998) **15** Lazio Rom (48.980) **16** Hamburger SV (46.961) **17** Manchester City (46.730) **18** FC Valencia (46.000) **19** Atlético Madrid (43.333) **20** FC Liverpool (42.933) **21** VfB Stuttgart (42.256) **22** Fenerbahçe Istanbul (41.636) **23** Feyenoord Rotterdam (41.596) **24** Chelsea FC (41.254) **25** FC Everton (38.797) **26** 1. FC Köln (38.569) **27** Arsenal London (38.054) **28** Paris Saint-Germain (37.981) **29** Hertha BSC Berlin (37.754) **30** 1. FC Kaiserslautern (36.817) **31** Leeds United (36.302) **32** SV Werder Bremen (35.956) **33** FC Sevilla (35.357) **34** Olympique Lyon (35.120) **35** Aston Villa (35.083) **36** Juventus Turin (34.997) **37** RC Lens (34.744) **38** Tottenham Hotspurs (34.631) **39** Real Betis Balompié (34.103) **40** PSV Eindhoven (32.750)

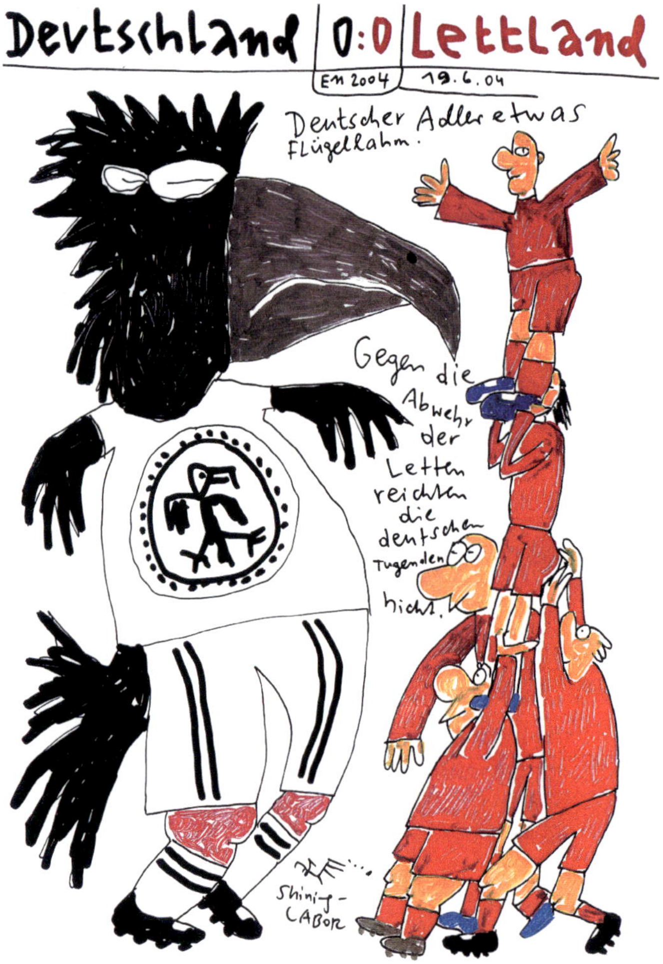

1 Eyk Hirschnitz; *Fußballzeichnungen EM 2004*

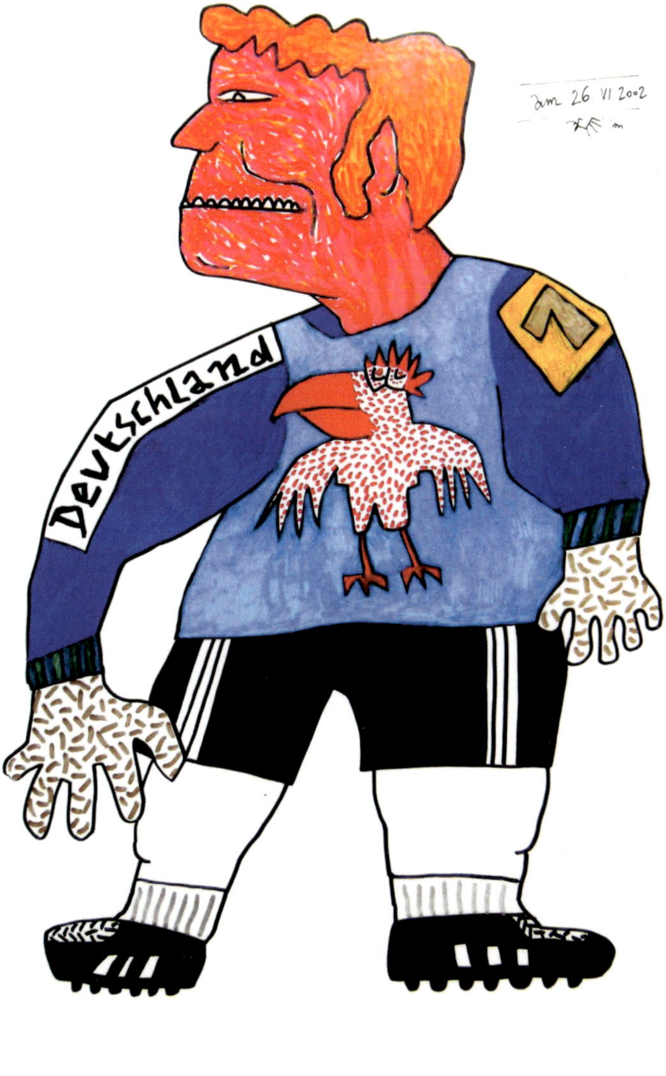

1 Eyk Hirschnitz: *Fußballzeichnungen WM 2002, Olli Kahn*

Der Tanz ums runde Leder

DER TANZ UMS RUNDE LEDER (Schweiz, 2004) ist eine Dia-Installation, bei der Bild- und Textebene, abgeleitet aus realen Fußballübertragungen, in einen Dialog treten. Die manipulierten Szenen aus TV und Videoaufnahmen werden mit zwei Projektoren in Intervallen auf eine nachleuchtende Fläche projiziert, während parallel Textauszüge aus Zeitungs- und Live-Kommentaren auf einer zweiten Ebene erscheinen. Durch die Überlagerung entstehen „ironisch absurde" Zusammenhänge.

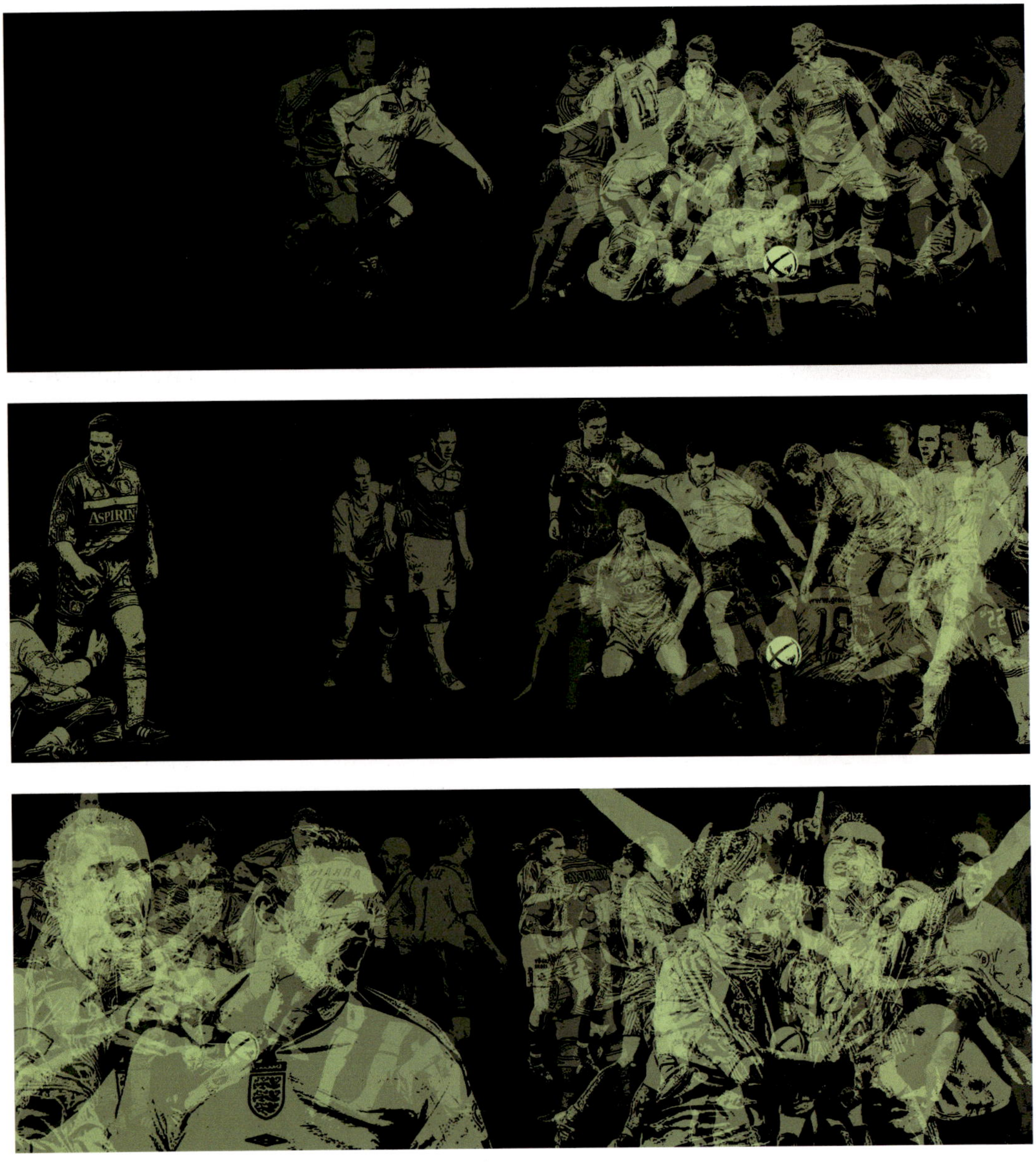

1 Susanne Schär & Peter Spillmann: *Der Tanz ums runde Leder*, 2004; Dia-Installation

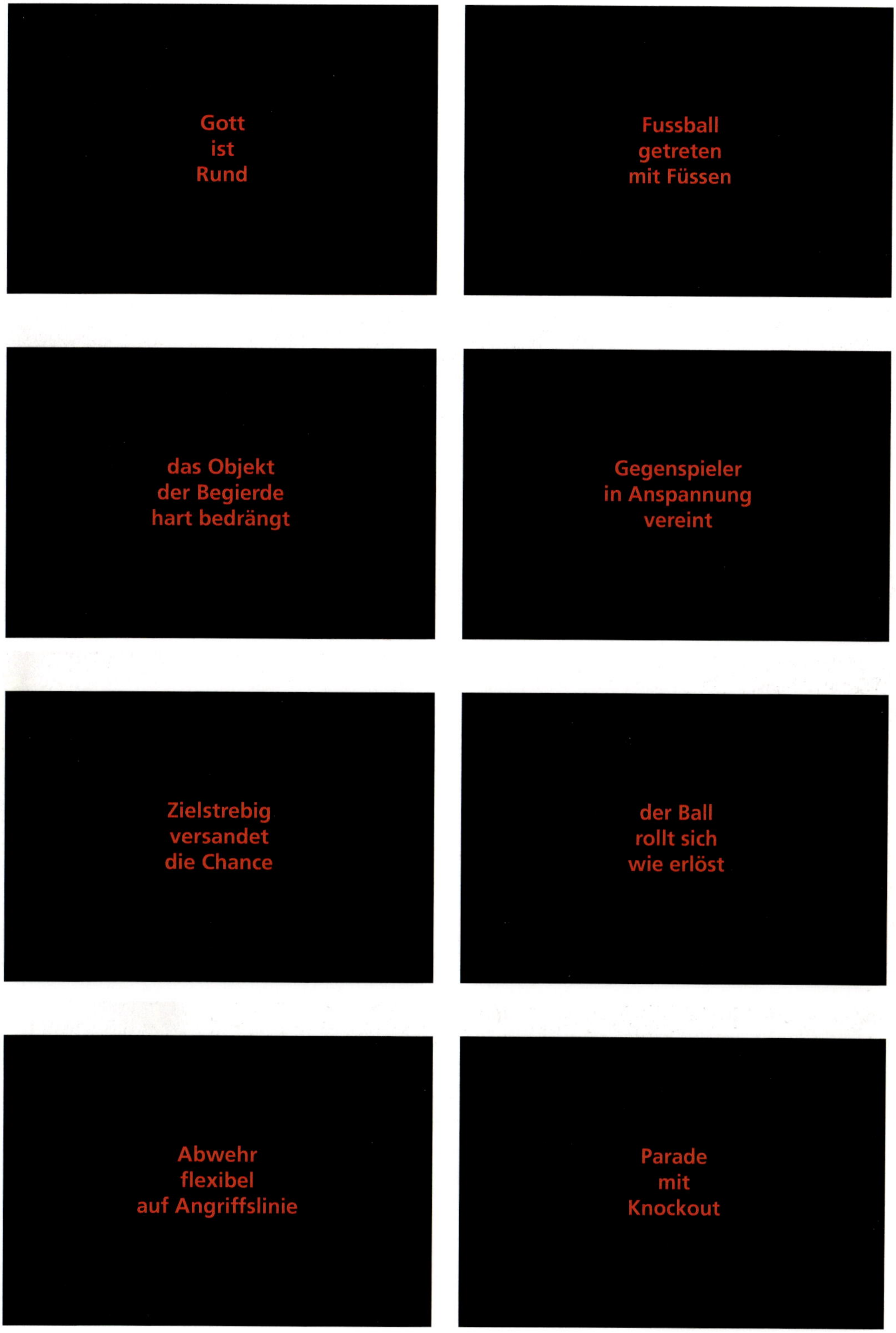

1 Susanne Schär & Peter Spillmann:
Der Tanz ums runde Leder, 2004;
Dia-Installation

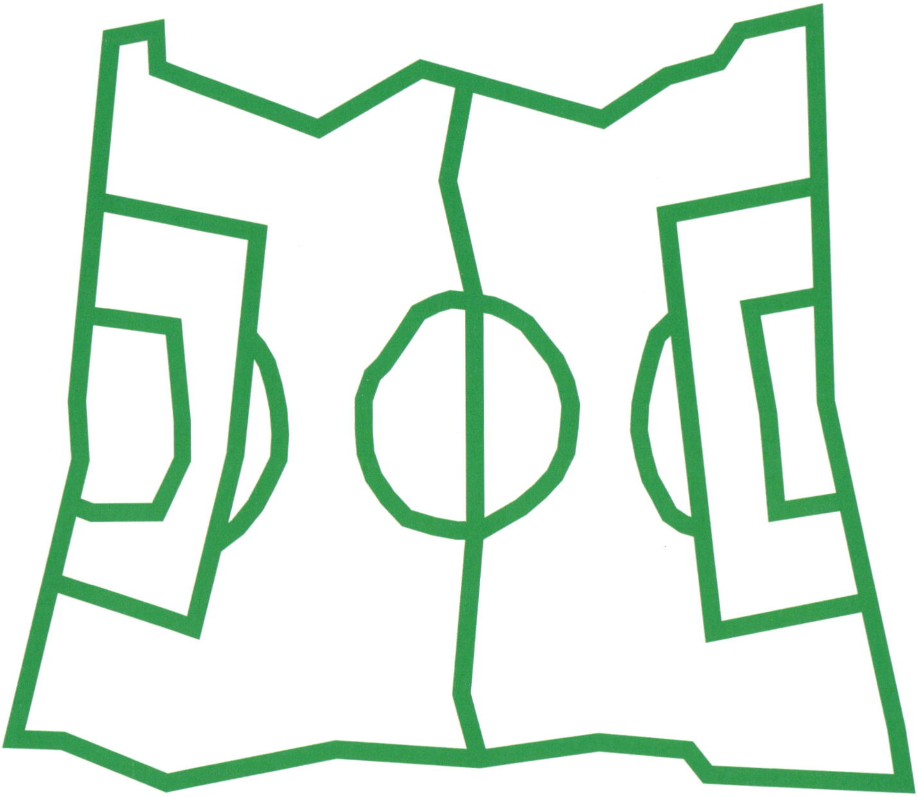

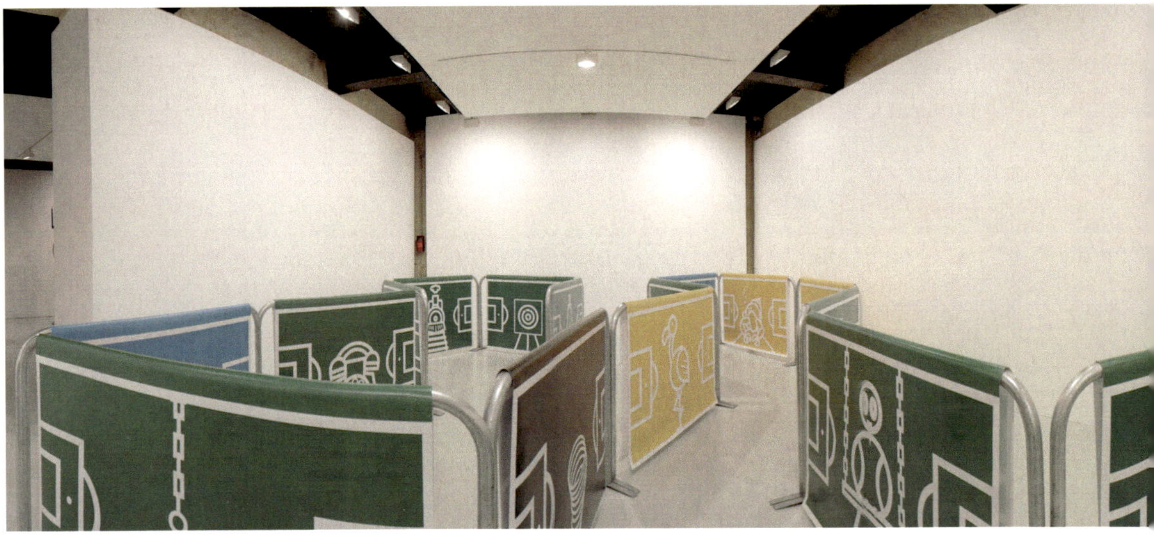

1 Jacques Julien; Entwurf für ein Wandgemälde, 2005
Jacques Julien; *L'inconnu*, 2004;
bedruckte PVC-Folie mit Unterkonstruktion
aus Metall

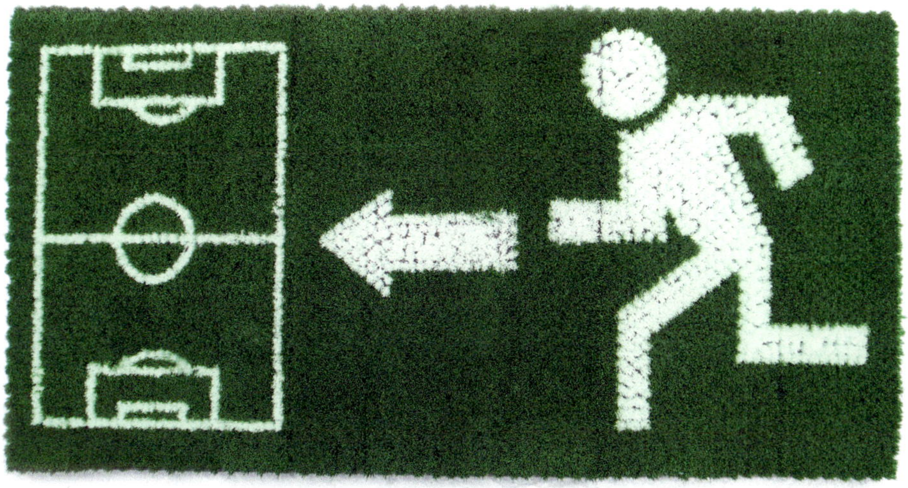

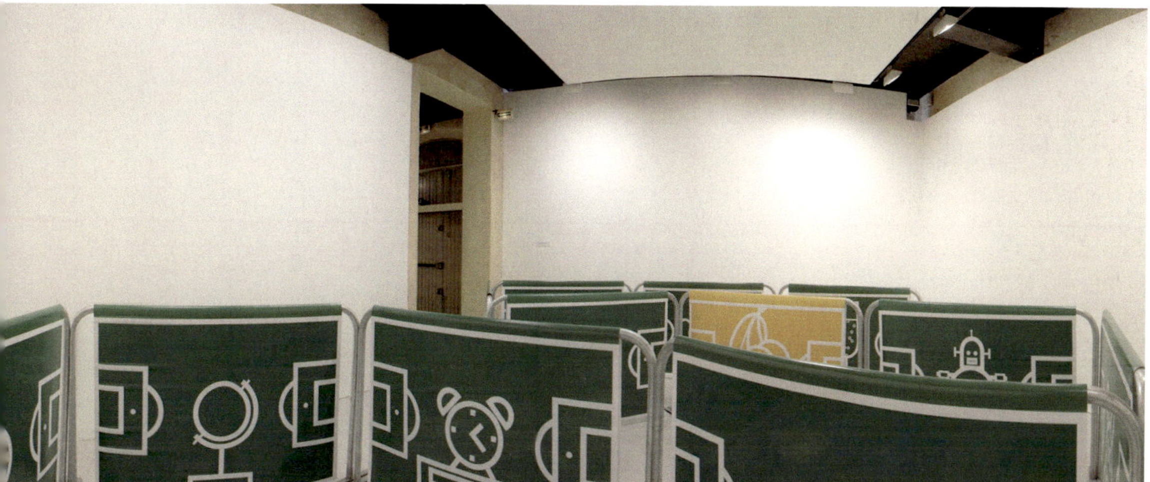

1 Volker Albus (mit Kai Richter); Fußmatte *Auswärts* (fusspall.total), Prototyp, 2003;
Material: Polyamidborsten auf Holzplatte;
Foto: schmidtbild.de

Elf Designer für Deutschland

„Noch ist nichts verloren" – Unter diesem Motto lief Anfang 2003 die deutsche Nationalelf der Designer auf den Platz. Der Gegenspieler: das offizielle Logo für die Fußball-WM 2006. Die Gestalter waren sich einig.

Die WM in Deutschland hat etwas Besseres verdient als das im November 2002 in Gelsenkirchen von Franz Beckenbauer vorgestellte Signet. Weltweit erntete das neue Logo Hohn und Gelächter. Kopfschüttelnd wandte sich die deutsche Kultur- und Designszene ab.
Sie haben es schon immer gewusst: „Fußballer sind doof."

Der „Spiegel" bezeichnet es als „infantil", die Designzeitschrift „form" spricht von einem „gestalterischen Desaster" und Brasiliens größte Zeitung „O Globo" spottet: „Die kleinen Gesichter sehen aus wie die am häufigsten vorkommenden Versionen der „Ecstasy-Pillen."

Die beiden Initiatoren der "Elf Designer" Klaus Hesse und Fons Hickmann sind der Meinung:
„Drei Jahre Lächerlichkeit im Vorfeld der WM sind kein gutes Zeichen. Das kann keiner ertragen.

Wir dürfen uns nicht im Voraus dafür rächen, dass Deutschland eventuell nicht Weltmeister wird.

Wir wollen keine alberne, sondern eine schöne WM. Von Anfang an. Auf die wirtschaftliche Krise darf nicht auch noch eine kulturelle folgen. 2006 sind alle Augen auf Deutschland gerichtet. Wir wollen zeigen, wo das deutsche Design im internationalen Vergleich steht. Wir wollen neue Wege gehen, um Fans in der ganzen Welt zu begeistern."

Über 400 Besucher drängten sich am 15. März 2003 im großen Hörsaal der Universität der Künste Berlin, um die Präsentation von elf neuen Erscheinungsbildern für die Fußball-Weltmeisterschaft 2006 zu verfolgen. Unter den Zuschauern befanden sich namhafte Designkollegen, Studierende, Kulturschaffende, Sportler, zahlreiche Journalisten der Tagespresse und sogar zwei Fans von Kickers Offenbach. Die Stimmung war über die gesamten 90 Minuten hochgespannt und enthusiastisch. Das nachfolgende Medienecho kann ohne Übertreibung als einzigartig bezeichnet werden. Noch nie hat das deutsche Grafikdesign soviel Aufmerksamkeit in der bundesweiten Tagespresse bekommen, wie nach dieser Präsentation. Geändert hat sich leider trotzdem nichts. Franz Beckenbauer und die anderen zeigten sich hartleibig. Für die Kultur am Ball gibt es auf dem Platz keine Punkte.

Die komplette Mannschaftsaufstellung:

01 Factor Design, Hamburg, www.factordesign.com
02 Ruedi Baur, Leipzig/Paris, www.integral.ruedi-baur.com
03 Die Gestalten Verlag, Berlin, www.die-gestalten.de
04 büro uebele, Stuttgart, www.uebele.com
05 Uwe Loesch, Düsseldorf, www.uweloesch.de
06 cyan, Berlin, www.cyan.de
07 moniteurs, Berlin, www.moniteurs.de
08 ade hauser lacour, Frankfurt, www.adehauserlacour.de
09 Hesse Design, Düsseldorf, www.hesse-design.de
10 nowakteufelknyrim, Düsseldorf, www.nowakteufelknyrim.de
11 Fons Hickmann m23, Berlin/Wien, www.fonshickmann.com

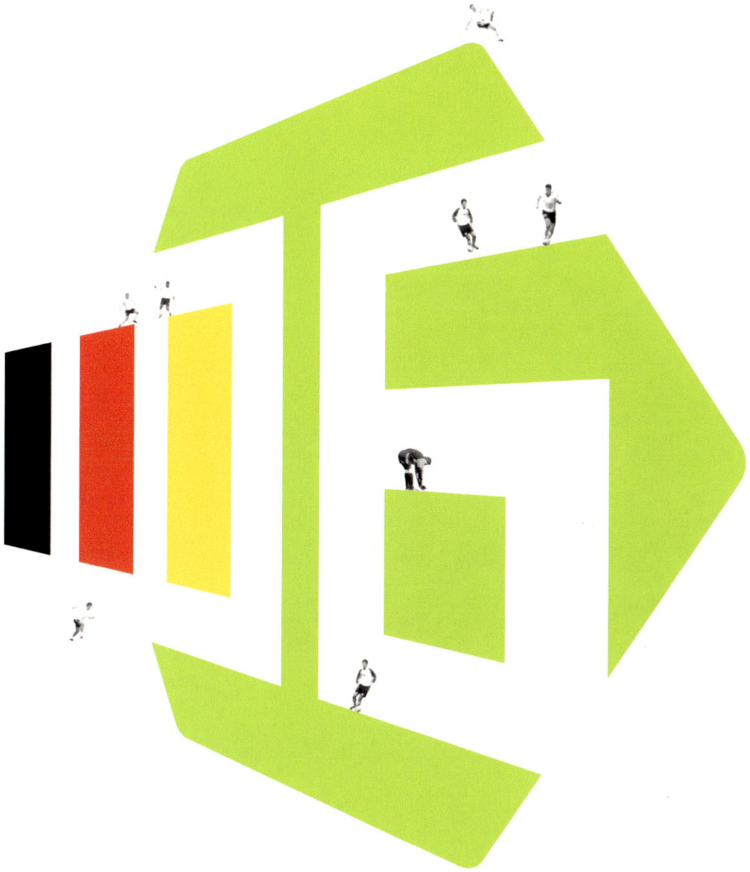

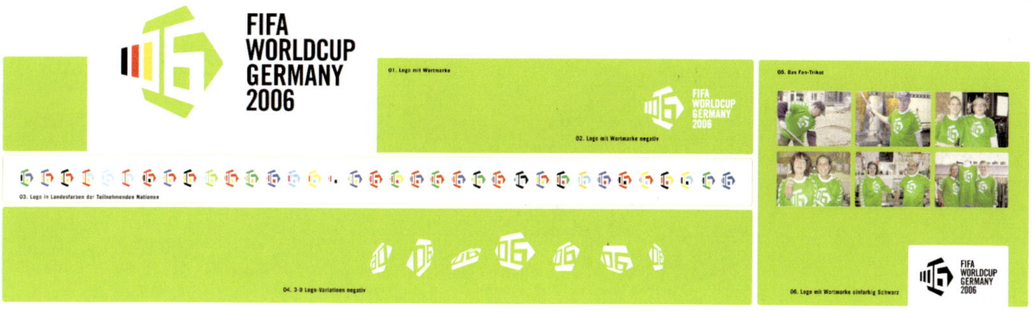

1 Entwurf für *Elf Designer für Deutschland. Offensive für die Fußballweltmeisterschaft 2006*, Factor Design, Hamburg, www.factordesign.com

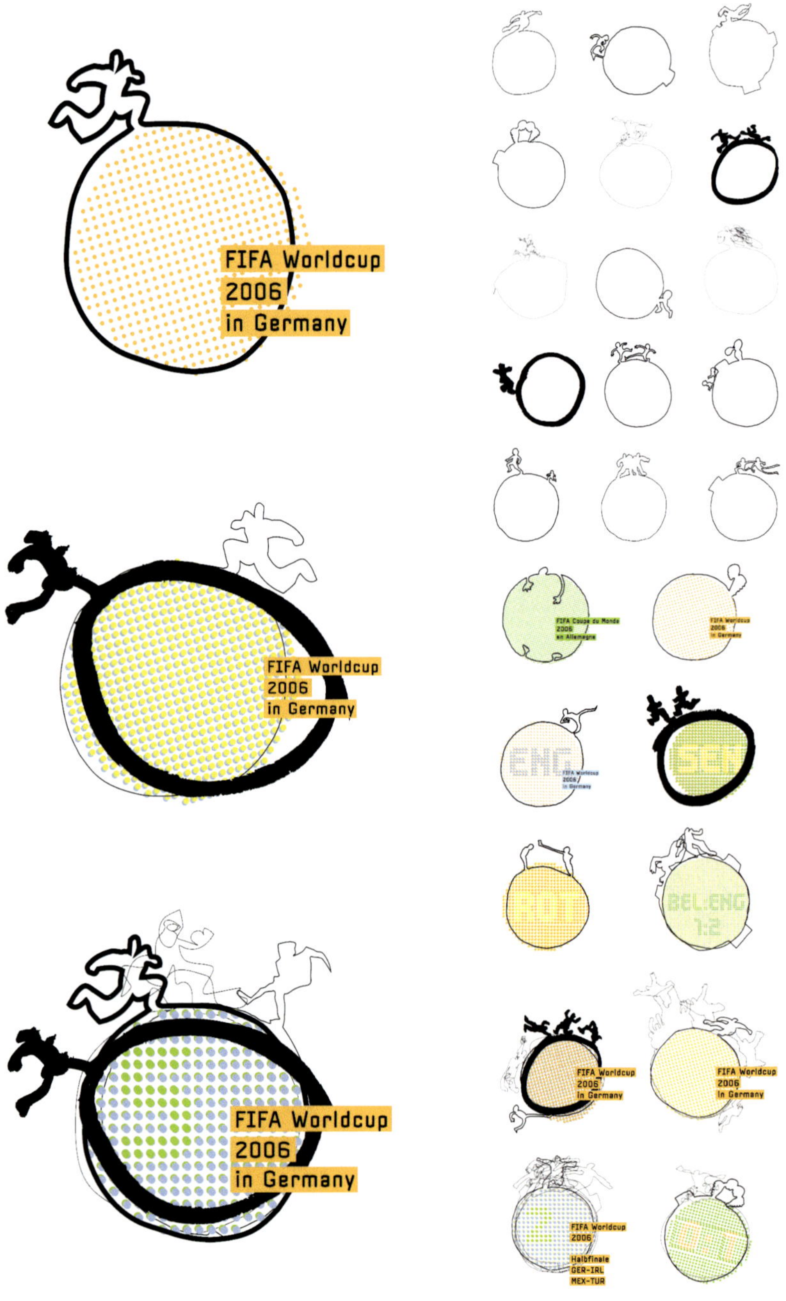

1 Entwurf für *Elf Designer für Deutschland. Offensive für die Fußballweltmeisterschaft 2006*; Integral Ruedi Baur, Leipzig/Paris, www.integral.ruedi-baur.com

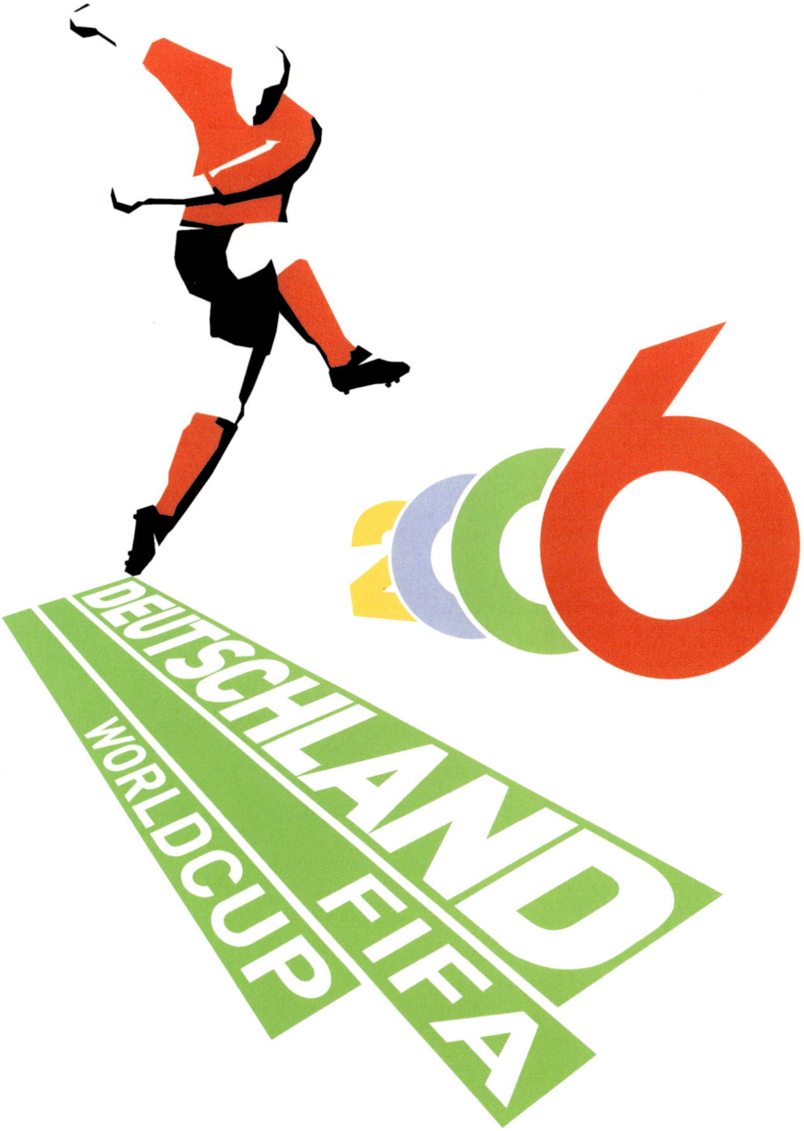

1 Entwurf für *Elf Designer für Deutschland. Offensive für die Fußballweltmeisterschaft 2006*; Die Gestalten Verlag, Berlin, www.die-gestalten.de

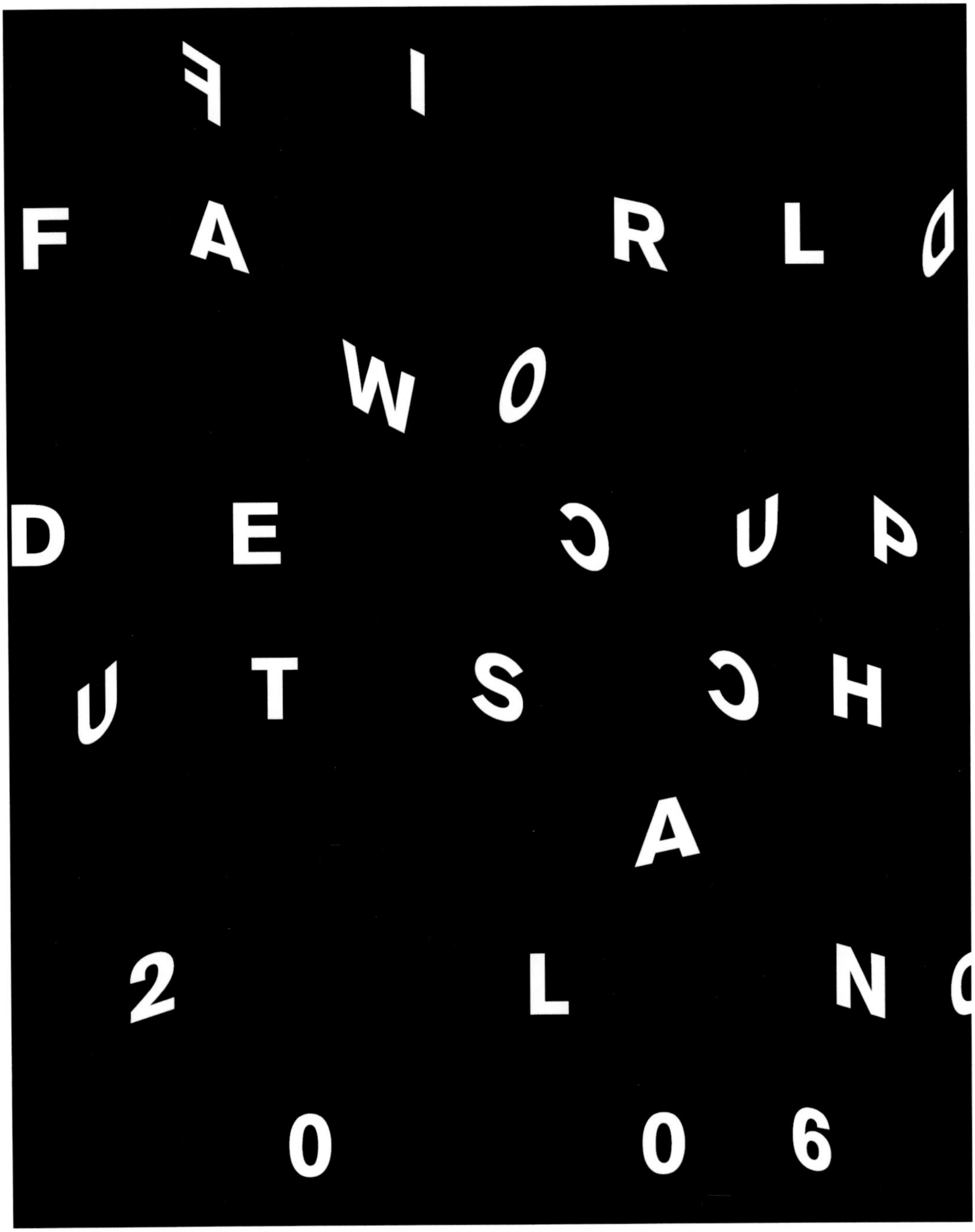

1 Entwurf für *Elf Designer für Deutschland. Offensive für die Fußballweltmeisterschaft 2006*,
büro uebele, Stuttgart,
www.uebele.com

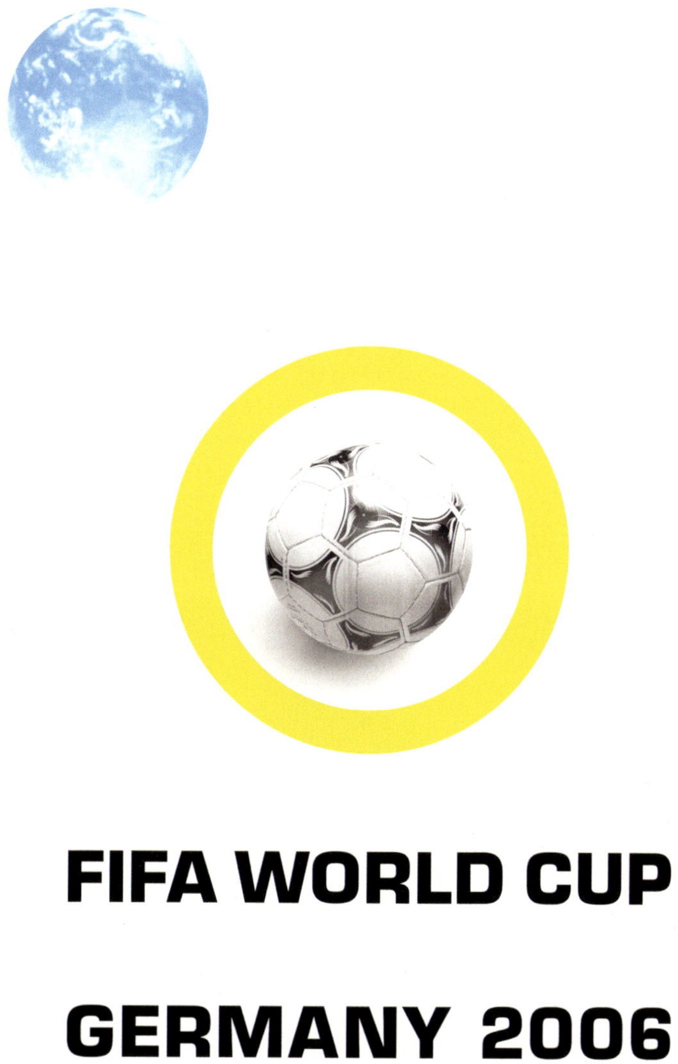

1 Entwurf für *Elf Designer für Deutschland. Offensive für die Fußballweltmeisterschaft 2006*, Uwe Loesch, Düsseldorf, www.uweloesch.de

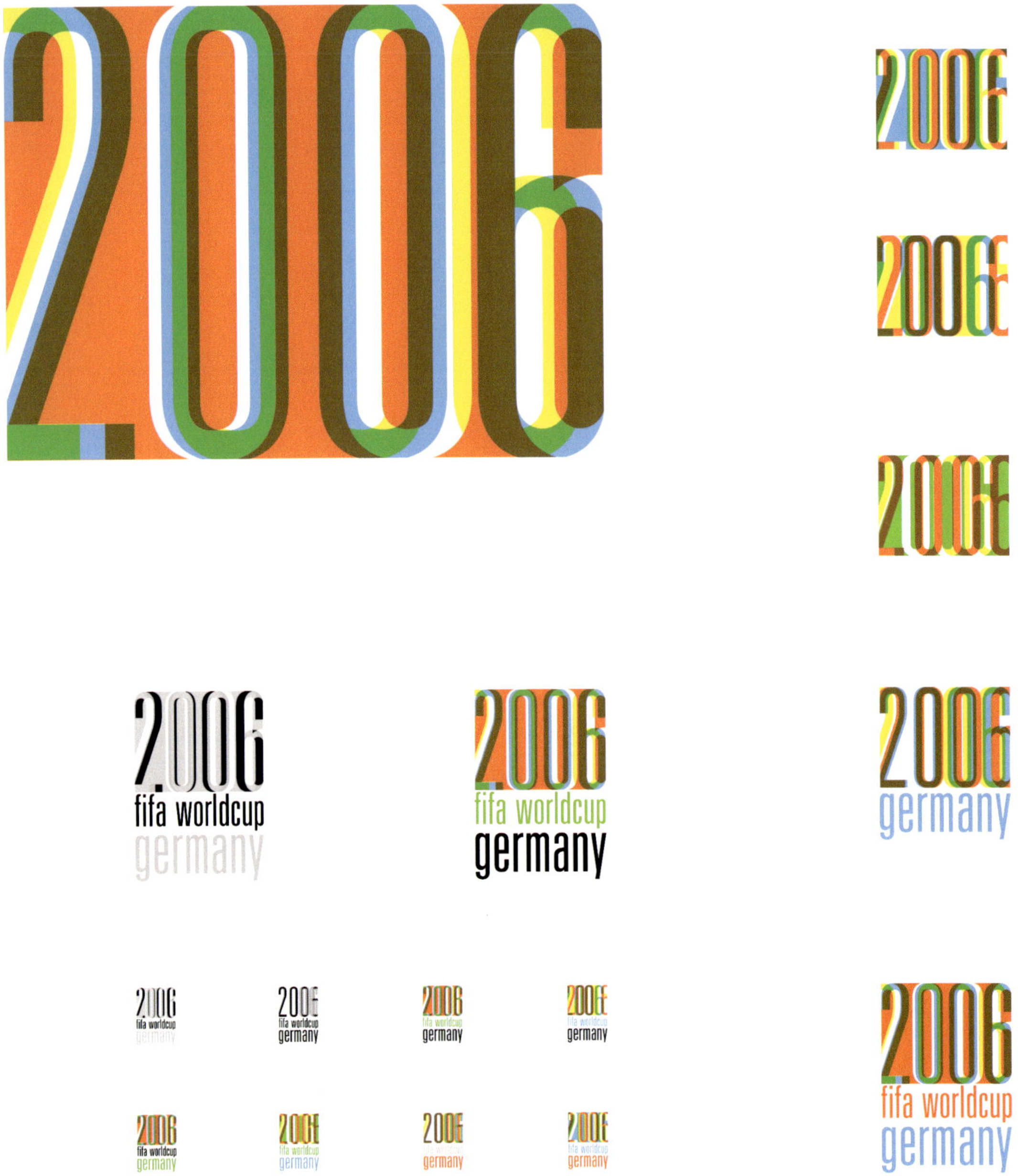

1 Entwurf für *Elf Designer für Deutschland. Offensive für die Fußballweltmeisterschaft 2006*;
cyan, Berlin,
www.cyan.de

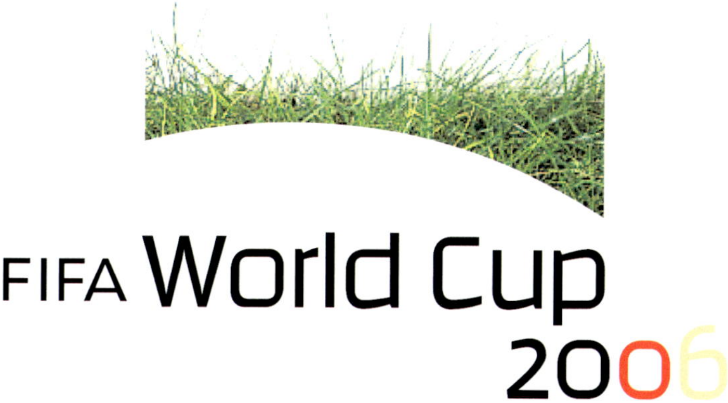

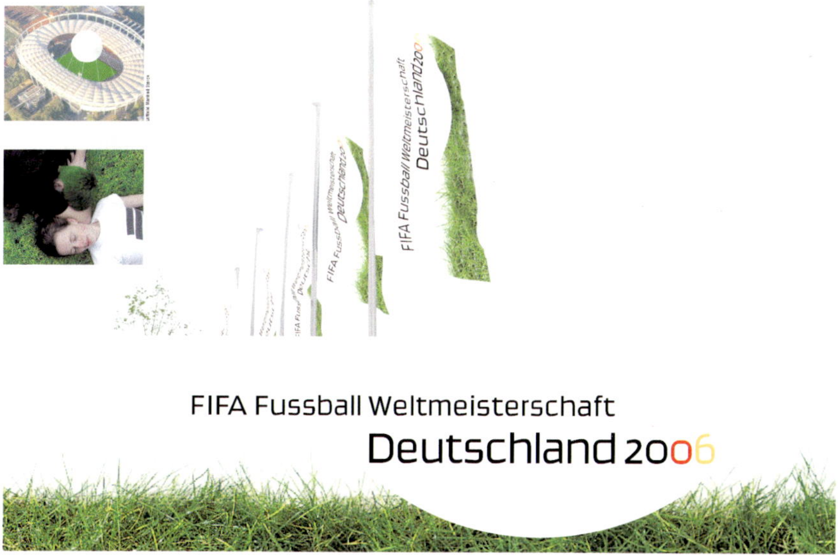

1 Entwurf für *Elf Designer für Deutschland. Offensive für die Fußballweltmeisterschaft 2006*; moniteurs, Berlin, www.moniteurs.de

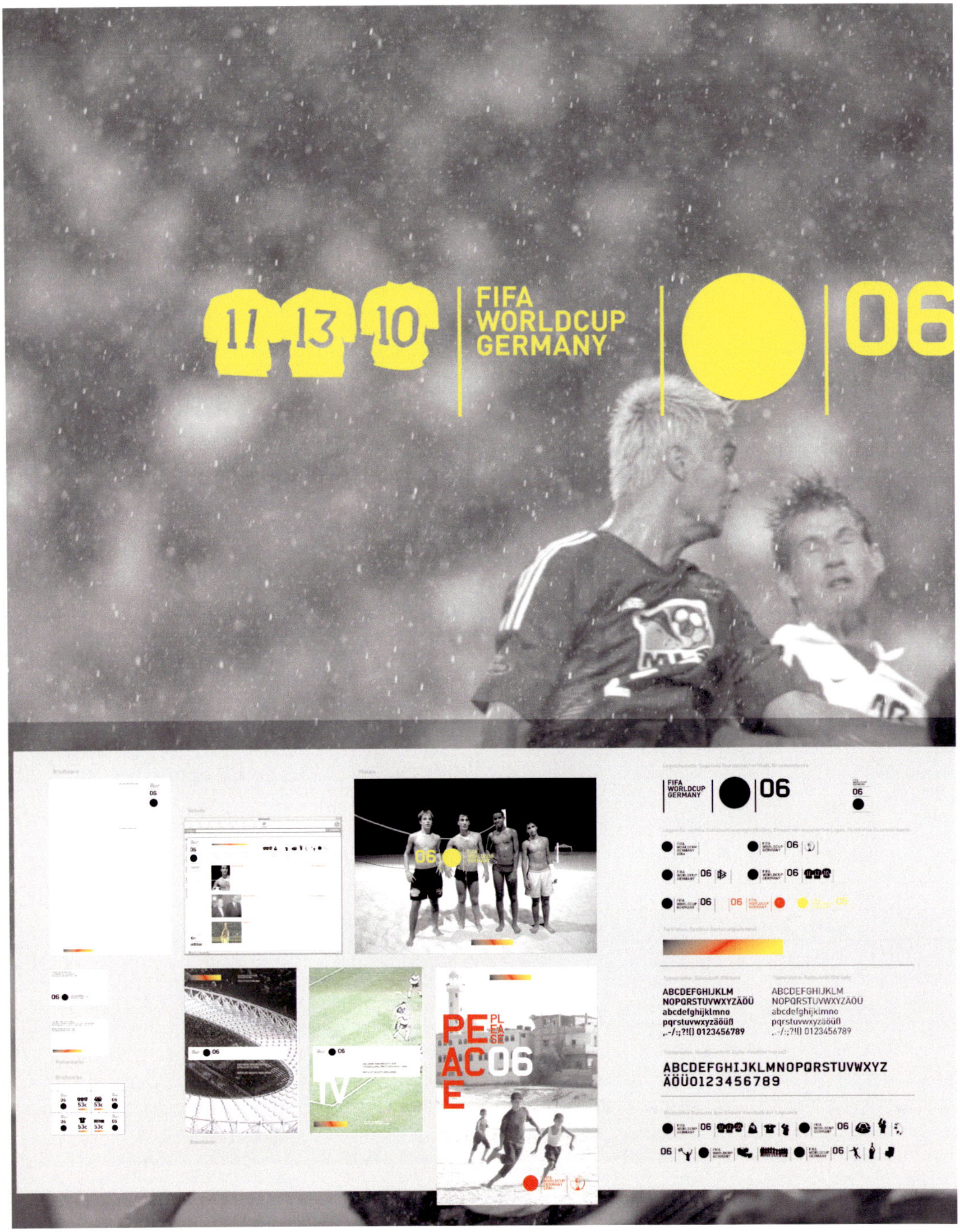

1 Entwurf für *Elf Designer für Deutschland*. Offensive für die Fußballweltmeisterschaft 2006; ade hauser lacour, Frankfurt, www.adehauserlacour.de

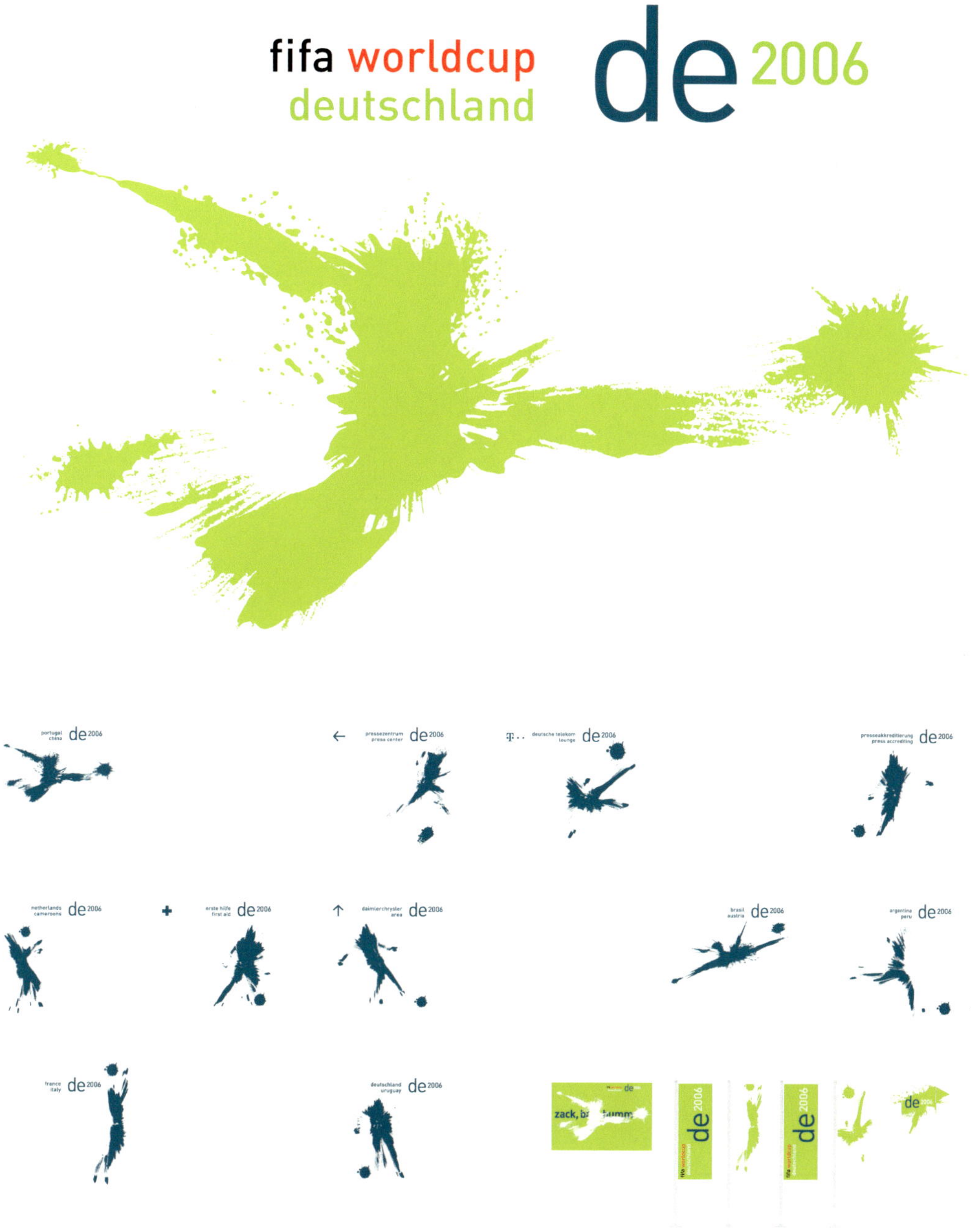

1 Entwurf für *Elf Designer für Deutschland.* Offensive für die Fußballweltmeisterschaft 2006; Hesse Design, Düsseldorf, www.hesse-design.de

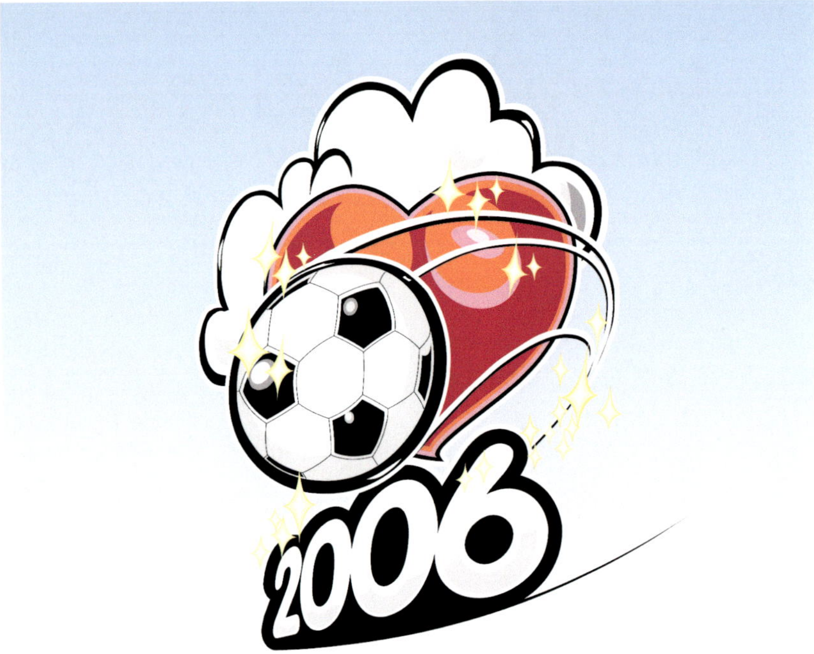

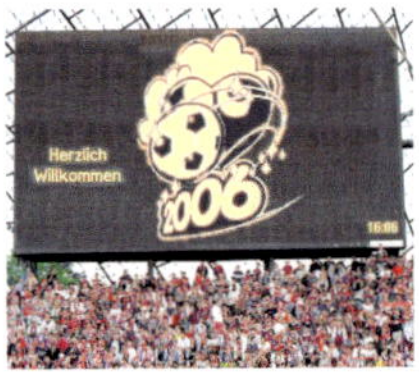

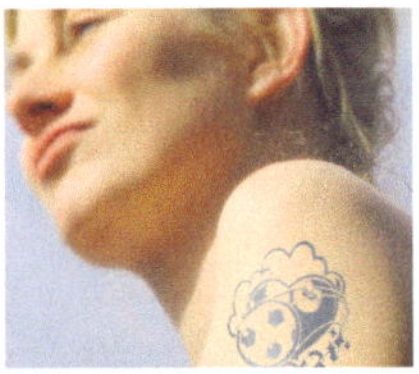

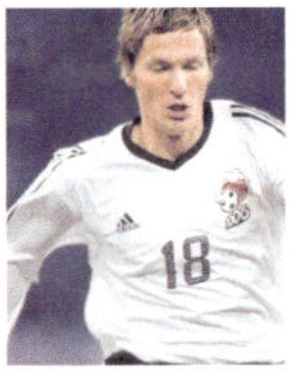

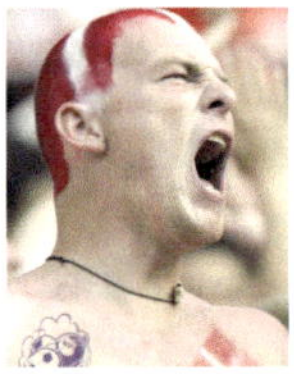

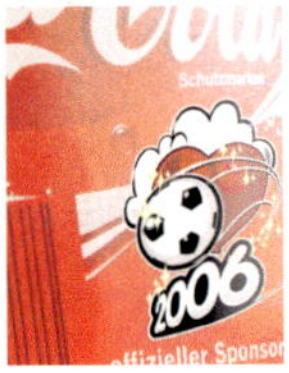

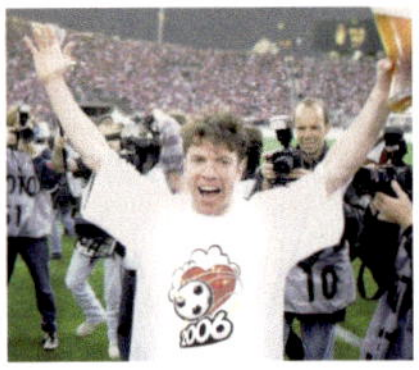

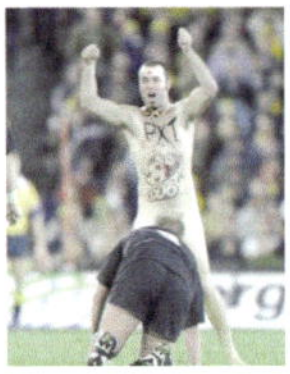

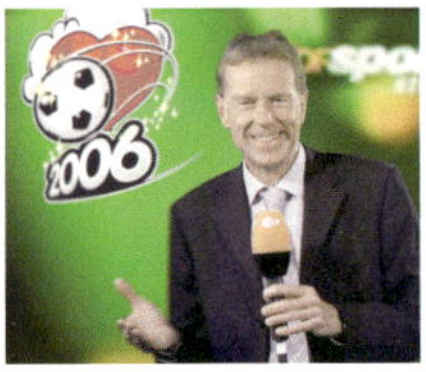

1 Entwurf für *Elf Designer für Deutschland. Offensive für die Fußballweltmeisterschaft 2006*; nowakteufelknyrim, Düsseldorf, www.nowakteufelknyrim.de

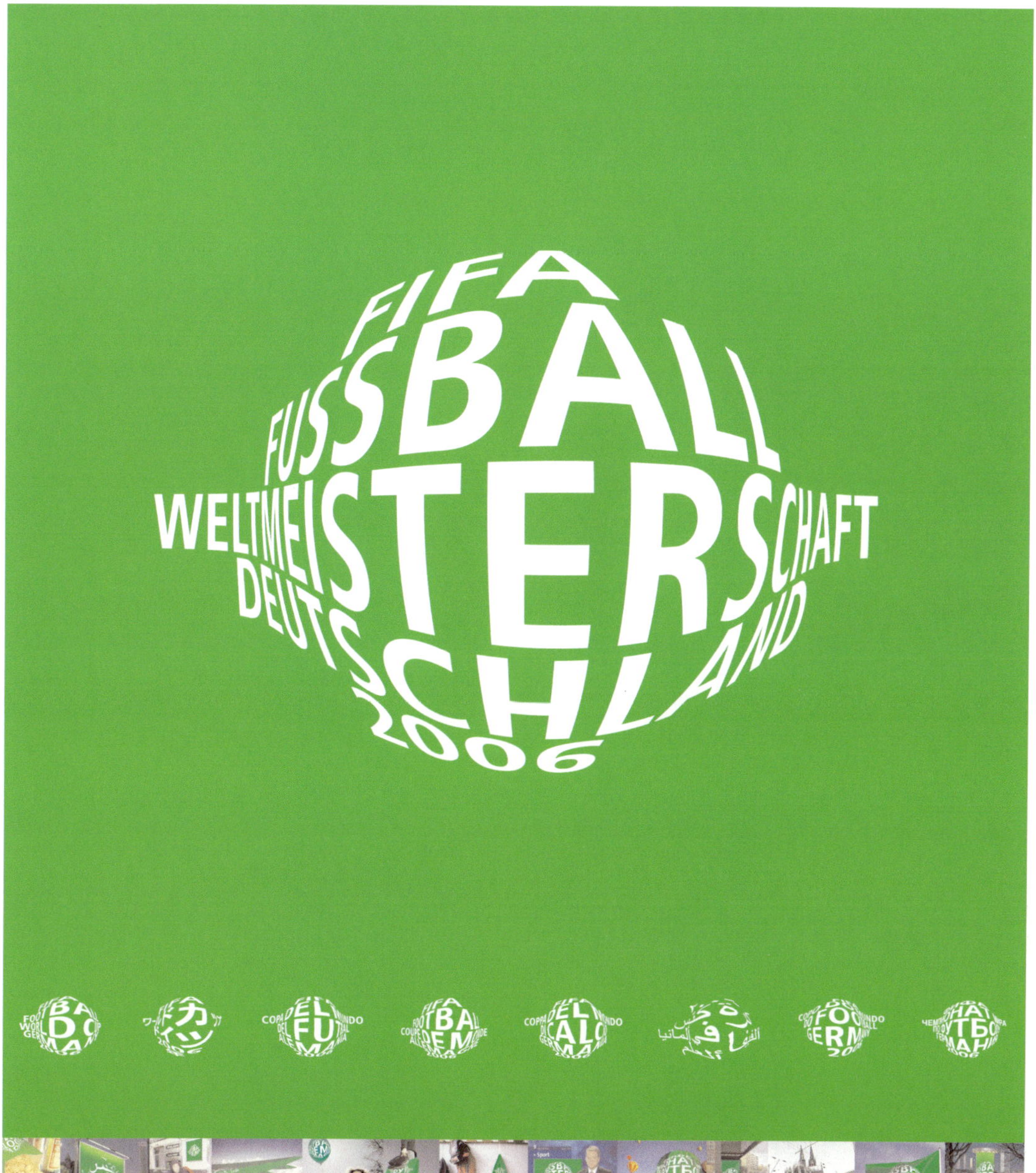

Entwurf für *Elf Designer für Deutschland. Offensive für die Fußballweltmeisterschaft 2006*; Fons Hickmann m23, Berlin/Wien, www.fonshickmann.com

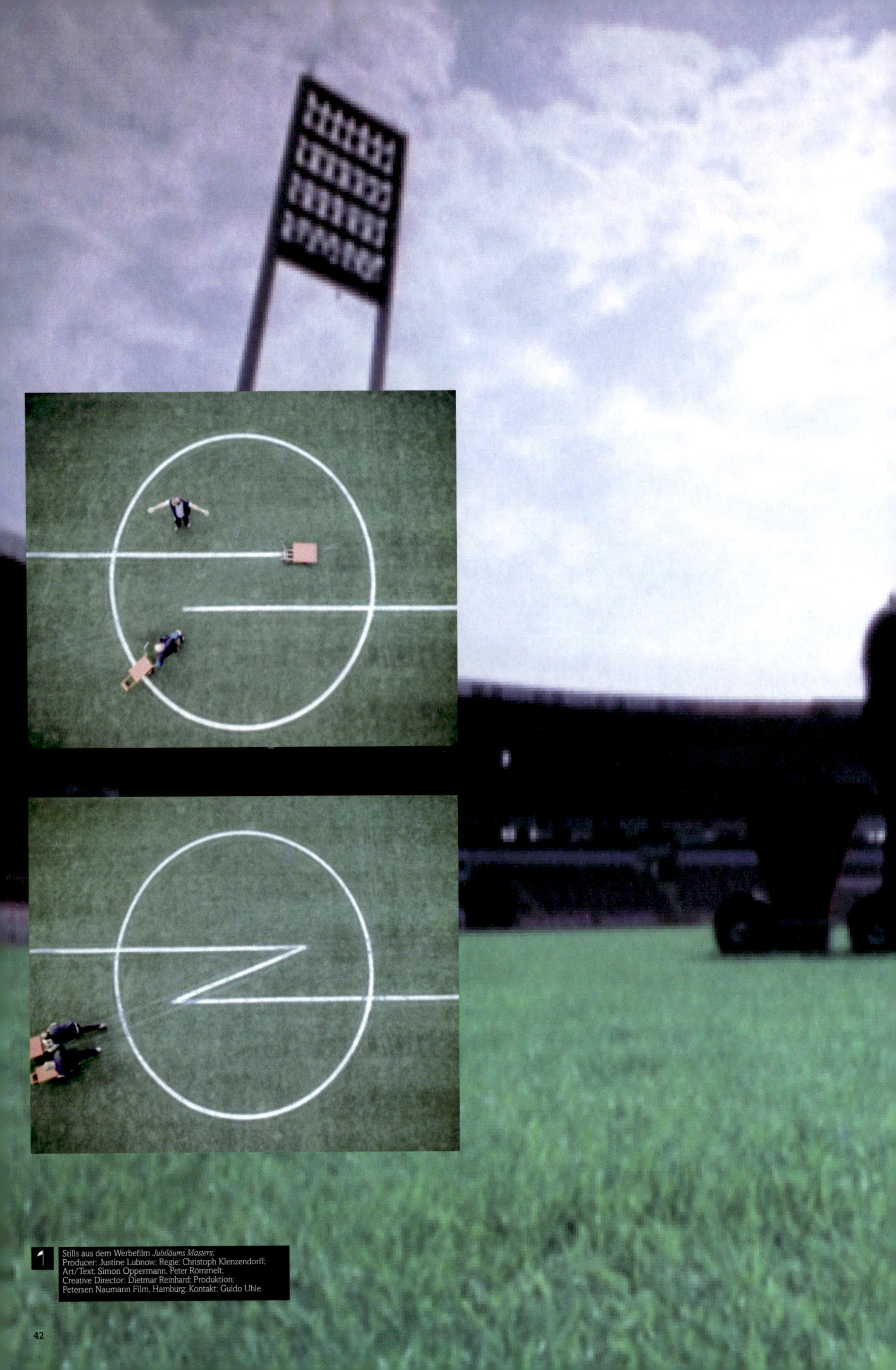

1 Stills aus dem Werbefilm *Jubiläums Masters*;
Producer: Justine Lubnow; Regie: Christoph Klenzendorff;
Art/Text: Simon Oppermann, Peter Römmelt;
Creative Director: Dietmar Reinhard; Produktion:
Petersen Naumann Film, Hamburg; Kontakt: Guido Uhle

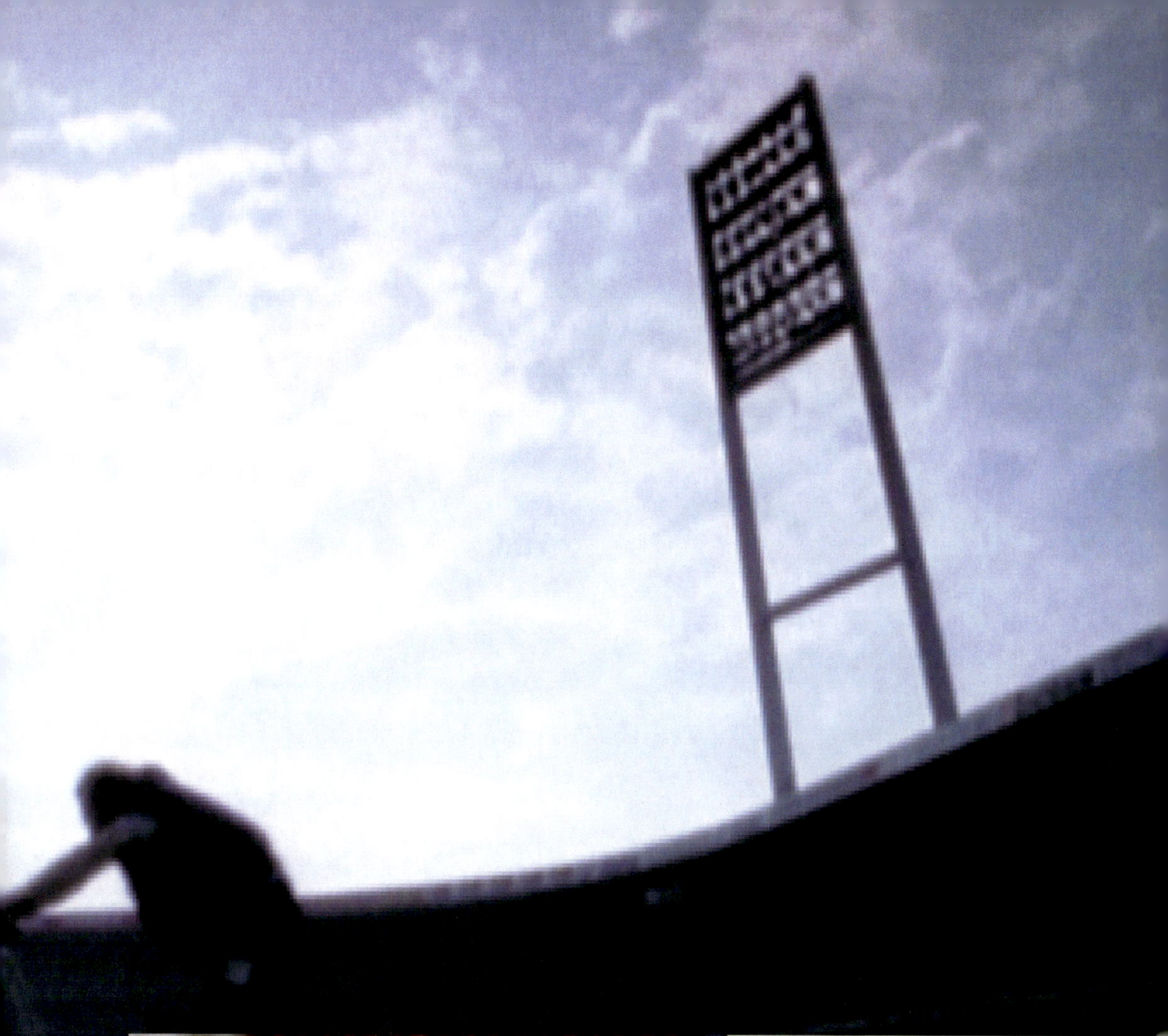

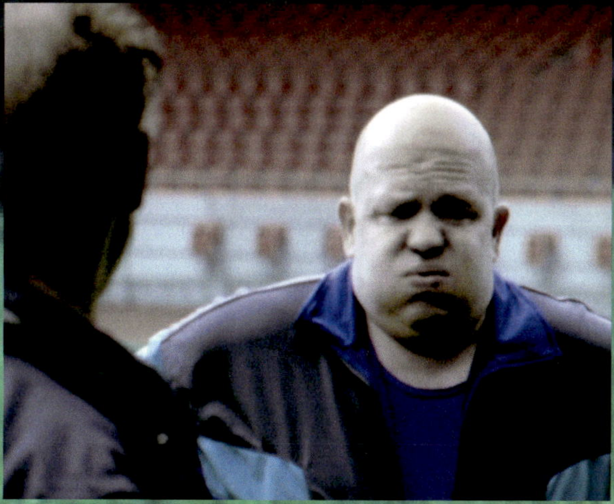

Jubiläums Masters

Wie dumm es laufen kann, wenn zwei Platzwarte einmal zu wenig Ball im Kopf haben, erzählt der Werbespot der Agentur McCann Erickson. Man hört nur die quietschenden Kreidewagen und sieht – aus filmischer Vogelperspektive – auf dem Rasen das Unheil sich abzeichnen... bis die rettende Idee kommt: Opel. Frisches Denken für bessere Autos.

Obstschälchen Cordoba oder Produkte, die die Welt (noch) nicht kennt

Volker Albus

Wie: Kurzer Ball? Langer Ball? Ganz langer Ball? Was soll das denn? Wohl balla balla? Der Ball ist rund! Und nicht kurz oder lang und schon gar nicht ganz lang. Stimmt. Aber eben nicht ganz. Klar, in realiter gibt's ihn natürlich nicht, den kurzen, den langen, den ganz langen Ball. Aber auf dem Platz. Und natürlich in unserer Sprache.

In der Sprache des Fernsehens, des Radios, in der Sprache der Zeitung, in der Sprache des Publikums. Und da ist der längenmäßig gekennzeichnete Ball ein stehender Begriff, das Synonym für Spielkultur, für Strategie, für Taktik.
Vor allem der ganz lange Ball. Angesichts seiner Erscheinung gerät noch jeder Reporter, jeder Chronist, jeder Zuschauer ins Schwärmen. Die Stimme hebt sich unüberhörbar: Ganz langer Ball auf die linke, auf die rechte Seite. Oder gar „steil in die Gasse"... Jaaa! Das isses doch! Jetzt, jetzt könnte es klappen. Wir spüren es alle. Ob im Stadion, am Radio oder vor dem Fernseher: Wir nähern uns dem Höhepunkt. Niemand hat gerade jetzt mit diesem ganz langen Ball, mit diesem die „Abwehr aufreißenden Pass" über das halbe Spielfeld gerechnet. Schon gar nicht die andern, der „Gegner". Allenfalls ein, zwei Mitspieler, von denen bis dahin nichts zu sehen war, an denen das Spiel bis jetzt vorbeilief. Und dann geht's plötzlich ganz schnell. Die Stürmer roschieren, die Verteidiger rennen, stolpern kreuz und quer durcheinander, der Torwart fuchtelt wild mit den Armen, kreischt: Du dahin, du, pass auf, da! Der ist auch noch frei. Ja, wer deckt denn den! Die Kulisse schwillt an. Alle sehen, alle hören nur noch diese Szene. Was passiert? Wo spielt er den Ball hin? Oder schießt er direkt? Wie geht das aus? Entsetzen oder großes Glück? Tränen oder Gesang? Minutenlange Niedergeschlagenheit oder anhaltender Rausch?

Und das alles wegen dieses einen „Geniestreichs", dieses einen langen Balls. Wie aus dem Nichts ist aus dem profanen „Spiel", dieser auf neunzig Minuten festgelegten Sportveranstaltung,
ein inszenierter Akt, ein dramaturgisch aufgeladenes Zuspiel, ein „Plot"
geworden. Und wir, die Zuschauer, sind Teil dieses Dramas. Urplötzlich werden wir aus unserer distanzierten Zuschauerrolle in dieses Spiel, in dieses Gegeneinader, in diesen „Angriff" hineingerissen: „Mittendrin statt nur dabei!"
Nein, nicht der Ball ist es, der uns in Atem hält, es ist diese eine Aktion, es ist dieser eine lange Ball, dieser „tödliche" Pass, dieser Rückzieher, dieser gehaltene Elfmeter, dieser Hackentrick, diese Grätsche, diese Flanke, vor allem dieses eine Tor, die uns fesseln, die uns in ihren Bann schlagen, die uns erregen, die sich in unser Gedächtnis eingraben: „Aus dem Hintergrund müsste Rahn schiessen! Rahn schiesst. Toooor! Toooor! Toooor! Toooor!.......Toooor für Deutschland!" Fünfmal schrie er es heraus, damals, 1954, dieses eine Tor, sechs Minuten vor Schluss, das ein Volk in einen kollektiven Taumel versetzte, das zur Fanfare des „Wir-sind-wieder-wer" wurde.
Bis heute genügen ein, zwei Namen - Bern, Herbert Zimmermann - vielleicht noch die Jahresangabe 1954, um diese nationale Hymne abzurufen. So wie allein das Wort Wembley wieder und wieder Diskussionen über das Drin oder Nichtdrin befördert. Oder der Dreiklang „Netzer/Weisweiler/Verlängerung" die Erinnerung an ein bis dato unvergleichliches Pokalendspiel (1973) aufköchelt.
Oder nehmen wir die Tiefschläge: Cordoba 1978: Zwei Worte nur! Grauenvoll! War das nicht Derwall? Noch schlimmer: Deutschland - Bulgarien 1994. Ausnahmsweise war man sich mit Bild einig: „Berti, bitte geh!" Und dann erst `74: Sparwasser! Ein Name, eine Schmach. Einmal nur gegen die „DDR". Und dann 0:1. Noch heute sieht man sie vor sich, die feixenden Stasifunktionäre, fahnenschwingend, ihren größten Triumph auskostend.

Jahr für Jahr, Monat für Monat, Woche für Woche auf's Neue: Schicksal total. Schalkes Waterloo und Bayerns Manchester, Bremens Elfer und Lauterns Durchmarsch. Das, und nur das ist Fußball. Mal himmelhoch jauchzend, mal zu Tode betrübt! Mal Jupp, mal Franz, mal Ribbeck, mal Ruuudi, mal „So ein Tag..", mal „Aufhörn, aufhörn, aufhörn!"
Der Fußball, das Gerät, ist nur Spielball in dieser Endlossoap. Ein rundes Ding aus Plastik, Frottee, Leder oder sonst was,
ein präzise berechnetes Konstrukt, bestehend aus zehn, zumeist schwarzen Fünf- und zweiundzwanzig weißen Sechsecken.

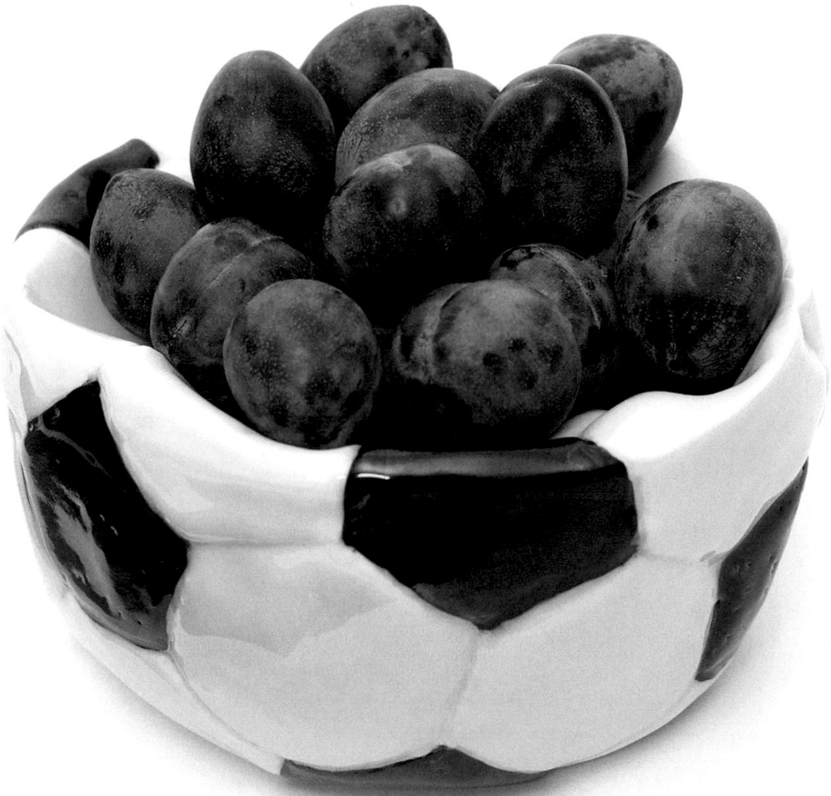

1 Volker Albus (mit Angelika Johe); Obstschälchen *Cordoba* (fusspall.total), Prototyp, 2005; Material: Porzellan; Foto: schmidtbild.de

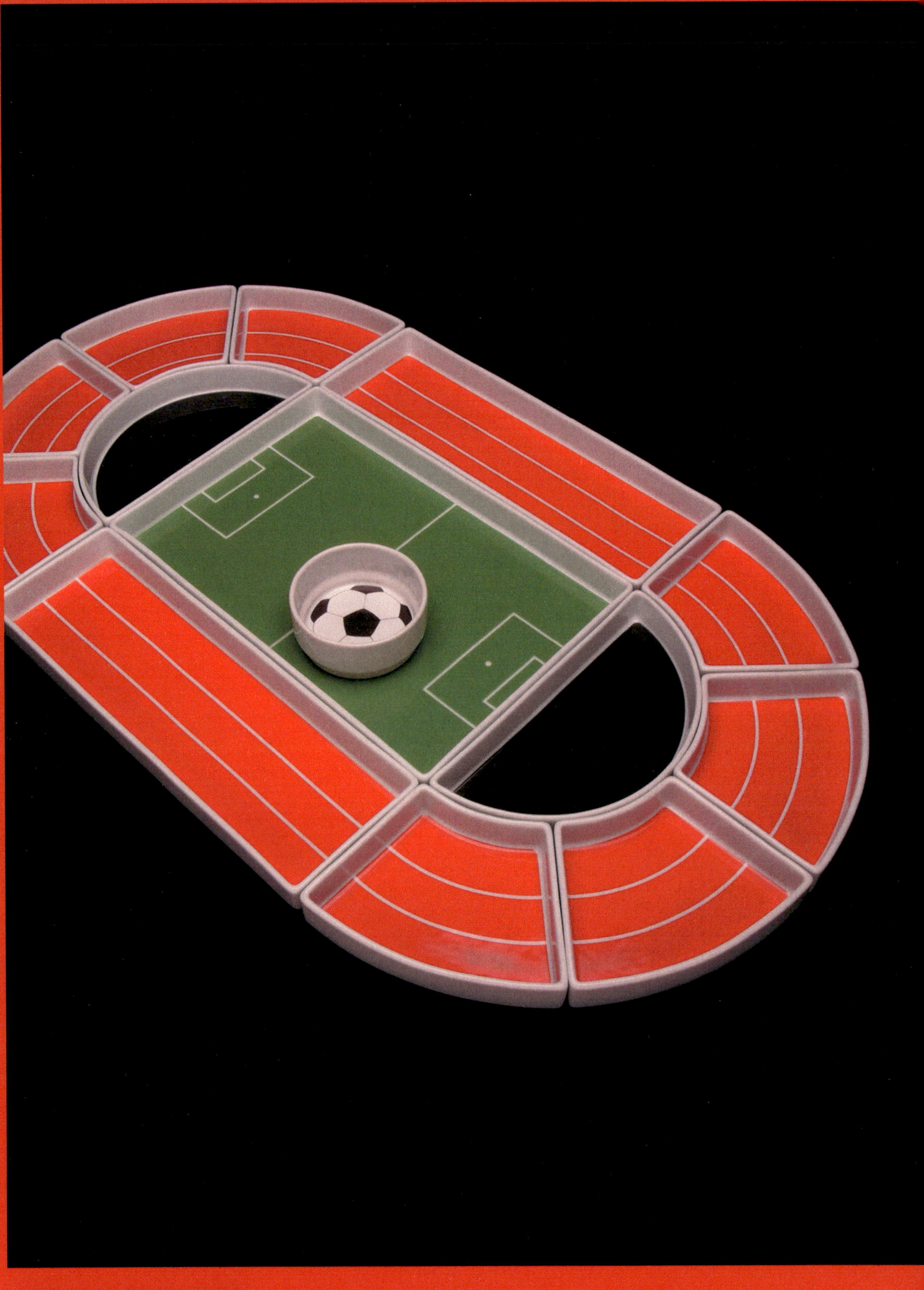

1 Achim Heine: Knabberschalenset *Super Bowl*, 2005;
Material: Porzellan
Hersteller: Thomas Porzellan/Rosenthal AG;
Foto: Andreas Velten

Alles Mögliche kann man damit spielen. Und alles Mögliche wird daraus gemacht: Aschenbecher, Radios, Telefone, CD-Alben, Minieisschränke, Gartengrille, Ferngläser, Mehrfachstecker, Bleistiftspitzer und so weiter und so fort, ja selbst Urnen in schwarzweiß bedruckter Ballform wurden schon gesichtet. Aber was, bitte schön, hat ein Aschenbecher, ein Telefon, eine Urne oder ein Minieisschrank mit Fußball zu tun? Nichts. Aber auch gar nichts! Nein, so geht's bestimmt nicht. Wenn wir dem Fußball schon dinglich huldigen, dann doch bitte „aus der Tiefe des Raums" - und nicht formal geometrisch oder gar nur per DFB- oder Bayern-München-Aufdruck.
Wie einfallslos! Wie beliebig! Wie oberflächlich!

Gerade die sprachlich so reiche Welt des Fußballs bietet ein schier unübersichtliches Panorama von Begriffen, die, derart sportiv aufgeladen, vollkommen neu gedacht und in die konkrete Form eines allzeit verfügbaren Produkts überspielt werden könnten:

Klassische Haushaltgerätschaften z. B., wie die Verlängerung, der Stopper, die Klatsche, die Schlappe, die Packung oder die „Flasche leer", erscheinen unter der Defintionshoheit etwa eines Giovanni Trapattoni oder Peter Neururer in einer völlig neuen Wertigkeit. Anspruchvollste Ausstattungselemente wie die Bogenlampe, das Rasenschach oder der etwas vergessene Läufer produzieren unter Berücksichtigung ihres wahren Ursprungs gänzlich andere Vorstellungen als die,

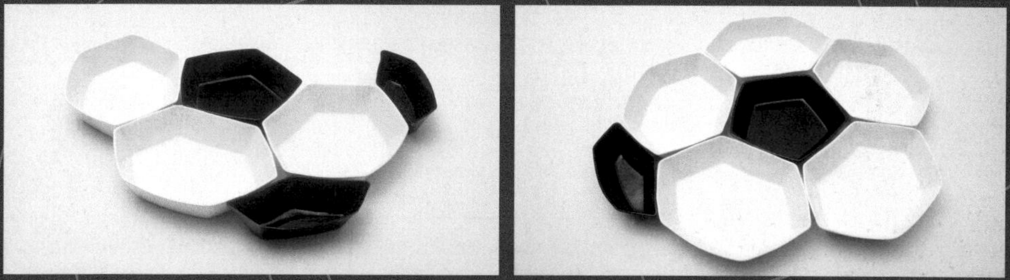

die uns von den einschlägigen Einrichtungspostillen permanent aufgedrängt werden. Und erst die so nur aus der Welt des Fußballs bekannten Phänomene wie die „Viererkette", der „Bankdrücker", der „Aufsetzer", die „Abseitsfalle", die „linke Klebe" oder die jeden Fan in Verzückung setzende „Bananenflanke" harren bis heute ihrer adäquaten Produktwerdung.

Fügt man dieser schon recht ungewöhnlichen Produktprosa noch die charakteristischen Spezifika der diesen Ballsport repräsentierenden Protagonisten hinzu, so lässt sich in etwa die Vielschichtigkeit eines Fußball gesättigten Produktsortiments erahnen. Man denke nur an die unverbindliche Omnipräsenz unseres Kaisers, an die Bodenständigkeit „uns" Uwes, an das unschuldige, Lieblichkeit verheißende „Rotbäckchen" Karl-Heinz Rummenigge, an das emotionale Charisma eines Rudi („Käthe") Völler oder an die antipodische Spannung, die die sporadischen Auftritte des Gespanns Gerhard Delling und Günter Netzer in uns erzeugen. Denn ist es nicht einzigartig, wie hier das Motiv der so genannten Spiel-Analyse neu dargestellt wird? Wie Günter Netzer seine Beobachtungen mit Missmut unterlegt, wie er seine Kritiken mehr kaut als spricht, wie er sie regelrecht, sozusagen paranussmäßig, mit dem gesamten Unterkiefer zermahlt?
Während Delling, eher ein Freund der Erdnuss, immer nur kurz und knapp abbeißt. Ein Genuss! Ein Ereignis! Wer wollte da nicht mitknabbern? Und selbst solch randständige Kommentatoren wie der offensiv freundliche Heribert Faßbender („Guten Abend allerseits"), der pomadige Wilfried Mohren (inzwischen außer Diensten) oder der berufsbayuwarische Waldemar Hartmann sind mit ihren wurstig-bräsigen Einlassungen als Quelle der Inspiration unverzichtbar. Denn, Hand auf's Herz, was wäre dieses Spiel ohne all die Querschläger, ohne all die Treter, Holzer und Klopper, ohne Fehlpässe und Fehlentscheidungen, ohne Eigentore und verschossene Elfmeter, ohne Mittelmaß, ohne Niemandsland der Tabelle, ohne Abstieg und vor allem: ohne „Salatschüssel"? Wir würden es nicht kennen.

1 Volker Albus (mit Stefan Legner): Knabbergebäckschalenset *Günter und Gerhard* (fusspall.total), 1-11-teilig variabel; Prototyp, 2003;
Material: Porzellan;
Foto: schmidtbild.de

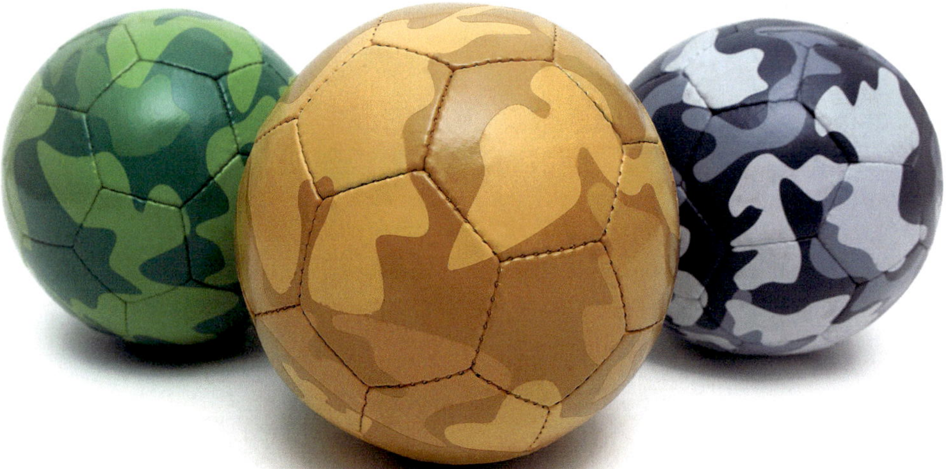

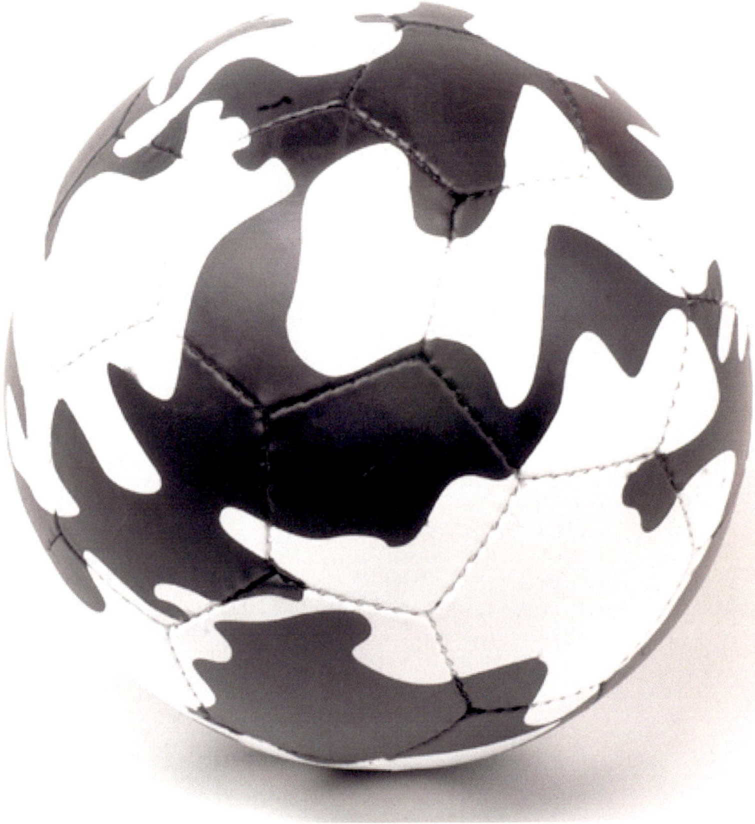

1 Volker Albus (mit Johannes Müller);
Fußball *Volle Deckung* (fusspall.total), Prototypenserie, 2005; Modelle Standard, Street, Park, Beach;
Material: Marktgängiger Fußball bedruckt;
Foto: schmidtbild.de

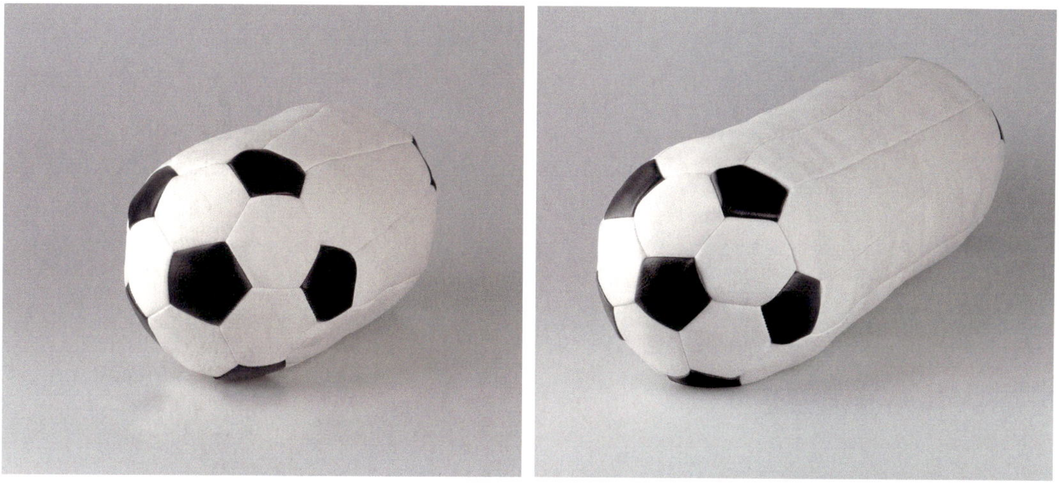

Volker Albus (mit Sandra Schollmeyer): Schlummerrolle *Traumpass* (fusspall.total), Prototypenserie, 2005; Modelle Kurzer Ball, Langer Ball (o. Abb.), Ganz langer Ball; Material: Kunstleder; Foto: Maria Thrun

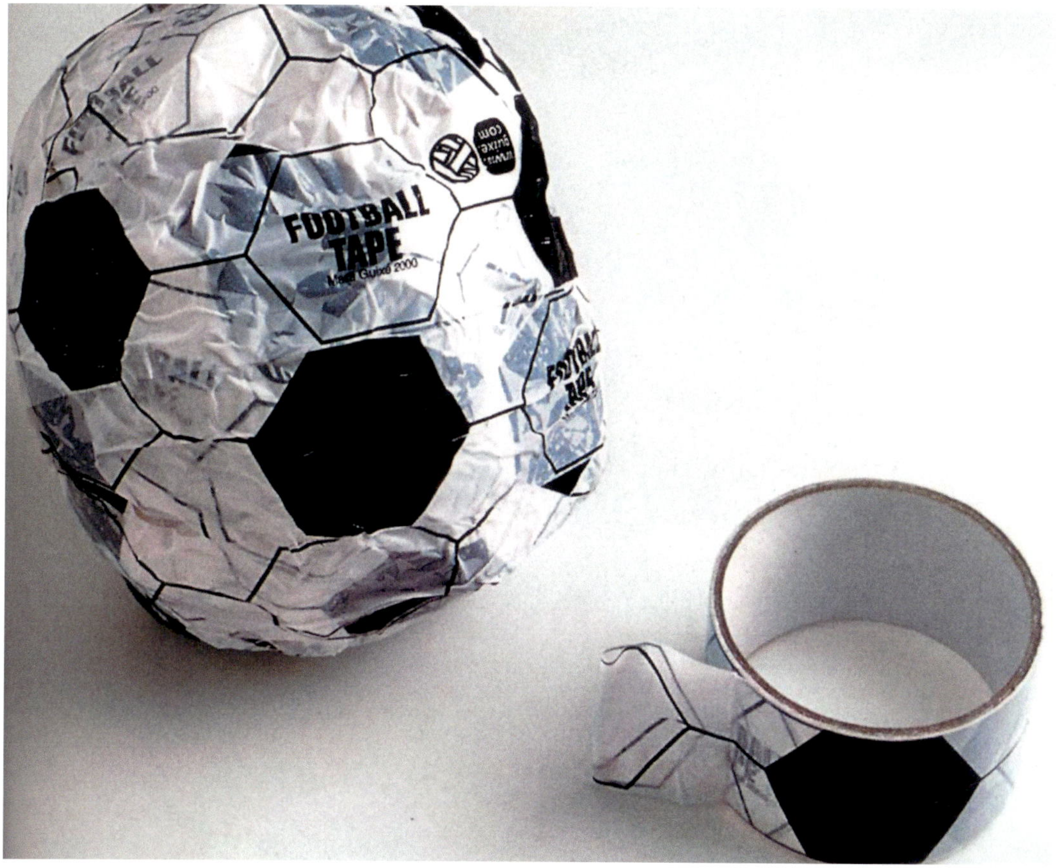

Marti Guixé; Klebeband *Football tape*, Hersteller: Magis Design

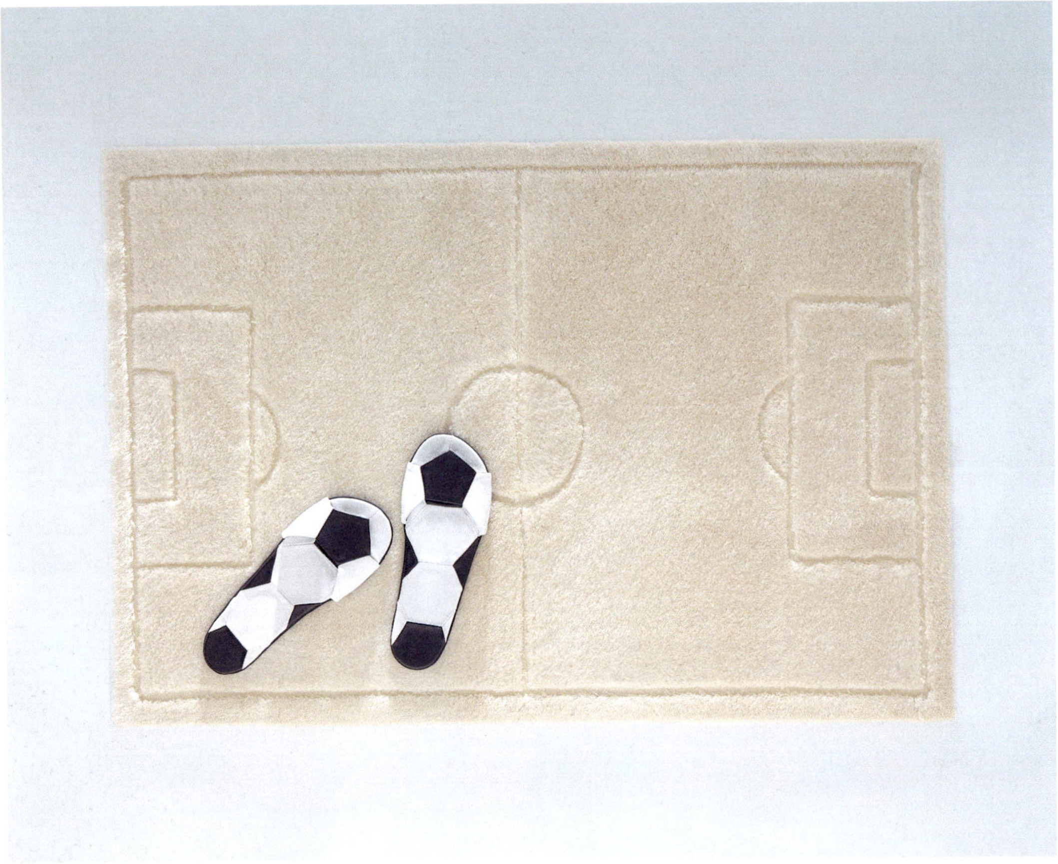

Volker Albus (mit Jenny Hardenbicker);
Läufer *Karl-Heinz* (fusspall.total), Prototyp, 2005;
Material: Teddystoff;
Foto: schmidtbild.de

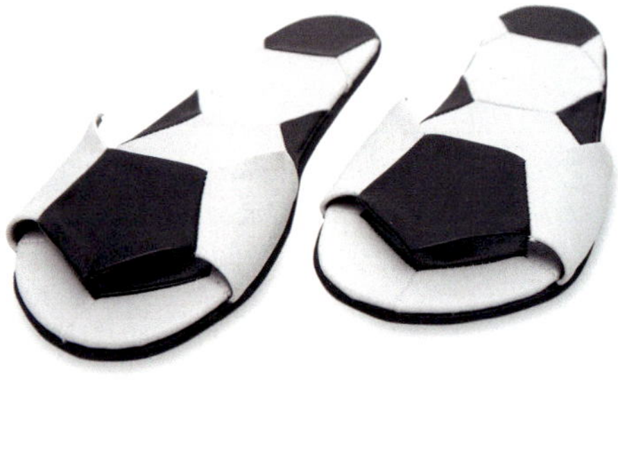

Volker Albus (mit Sandra Schollmeyer);
Badeschlappe *Schlappe* (fusspall.total), Prototyp,
2005; Material: Kunstleder;
Foto: schmidtbild.de

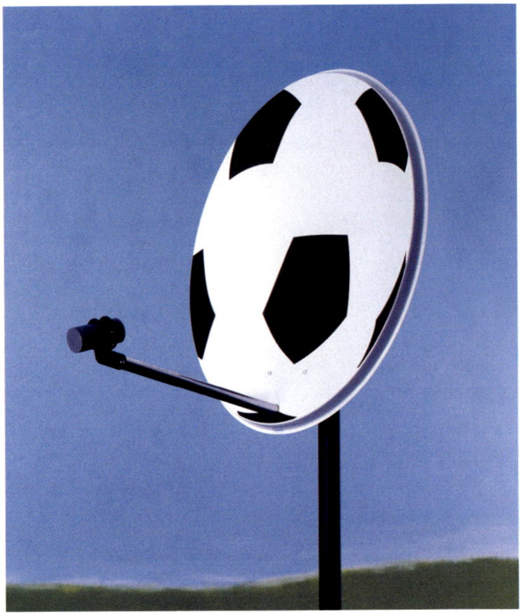

Volker Albus (mit Stefan Legner);
Satellitenschüssel *Franz* (fusspall.total),
Prototyp, 2003; Material: Marktgängige Satelliten-
schüssel mit Fußballmusterfolie beklebt;
Foto: schmidtbild.de

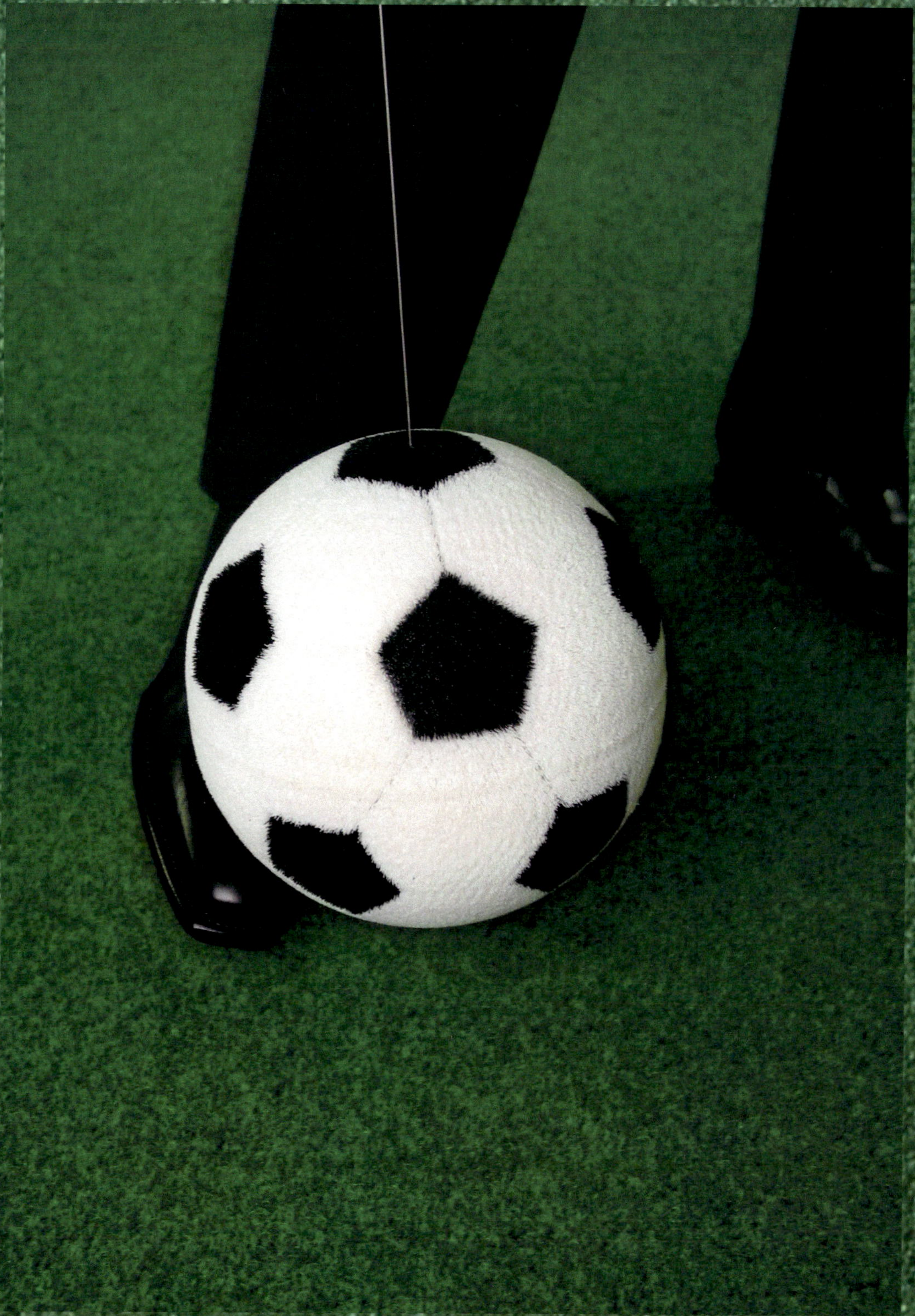

1 Volker Albus (mit Kai Richter): *Kick and Brush* (fusspall.total). Prototyp, 2003;
Material: Polyamidborsten, Holzkern, Stahlseil;
Foto: schmidtbild.de

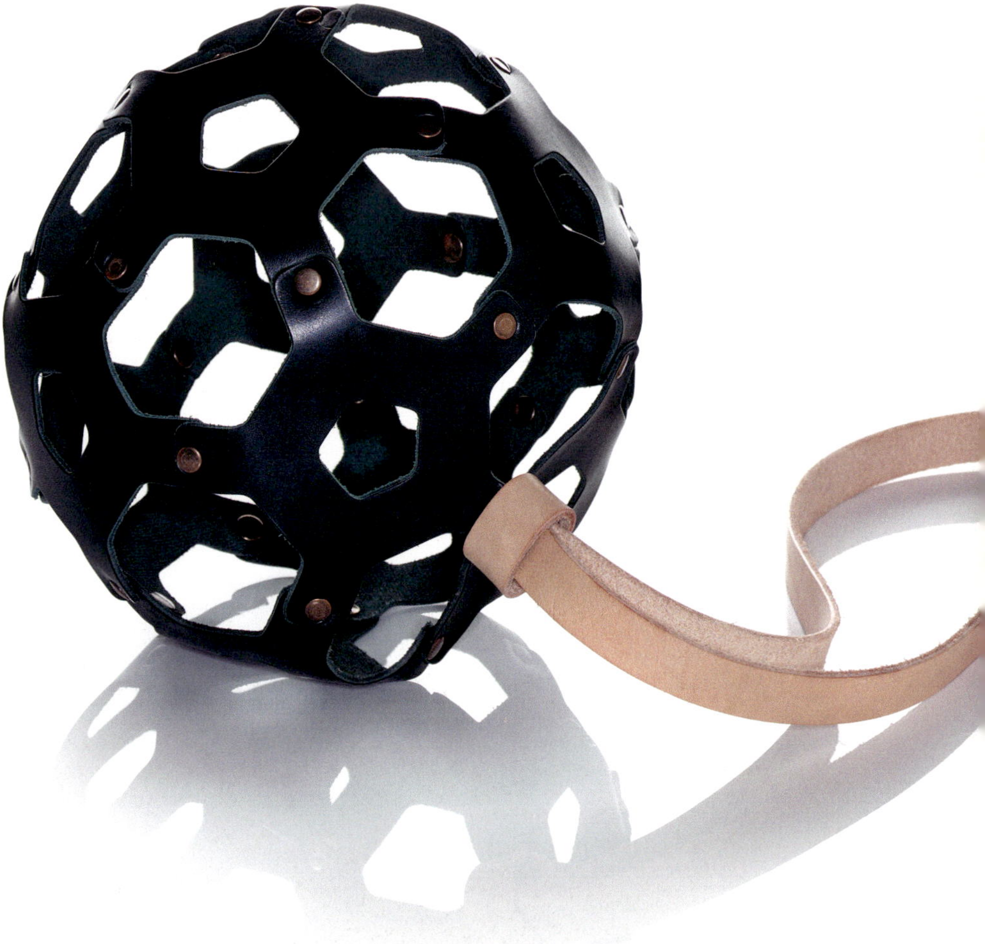

1 Sabine Wald; Einkaufsnetz *Netzer* (fusspall.total), 2005
Flexibles Tragegewirk aus sternförmigen Elementen;
Foto: Michael Himpel

Legshocker

Der Legshocker ist eine Hardware-Ergänzung für die PlayStation2. In Verbindung mit einem entsprechenden Fußballspiel bringt er die Körperlichkeit und Härte dieser Kontaktsportart vom virtuellen Spielfeld zurück in das heimische Wohnzimmer. Der Legshocker wird von beiden Spielern getragen, sieht aus wie ein Schienbeinschoner, ist aber genau das Gegenteil. Denn wird ein Spieler auf dem virtuellen Spielfeld gefoult, so hat das nicht nur Konsequenzen für das Spielgeschehen auf dem Bildschirm. Auch der Bediener der virtuellen Spielfigur vor dem Screen bekommt dieses unsportliche Verhalten zu spüren. Ein Bolzen, angetrieben von einem Elektromagneten, hämmert im pulsierenden Takt auf des Spielers Schienbein am anderen Ende des Controllers.

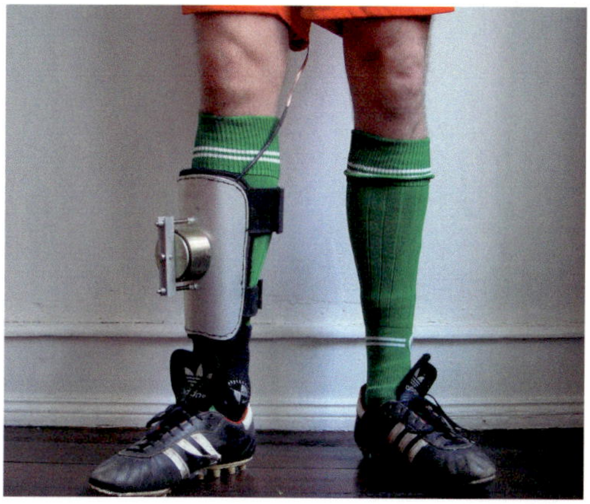

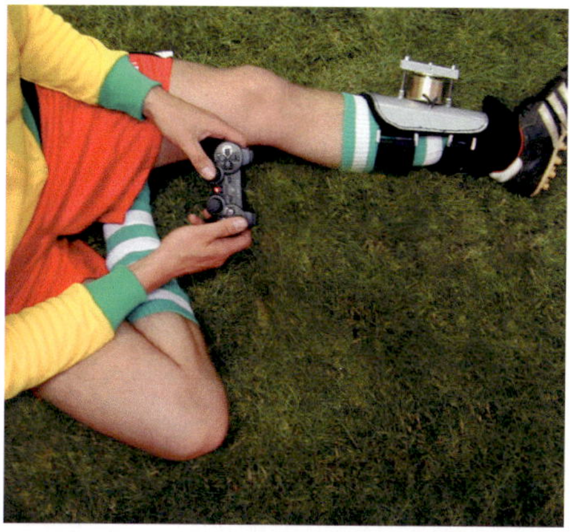

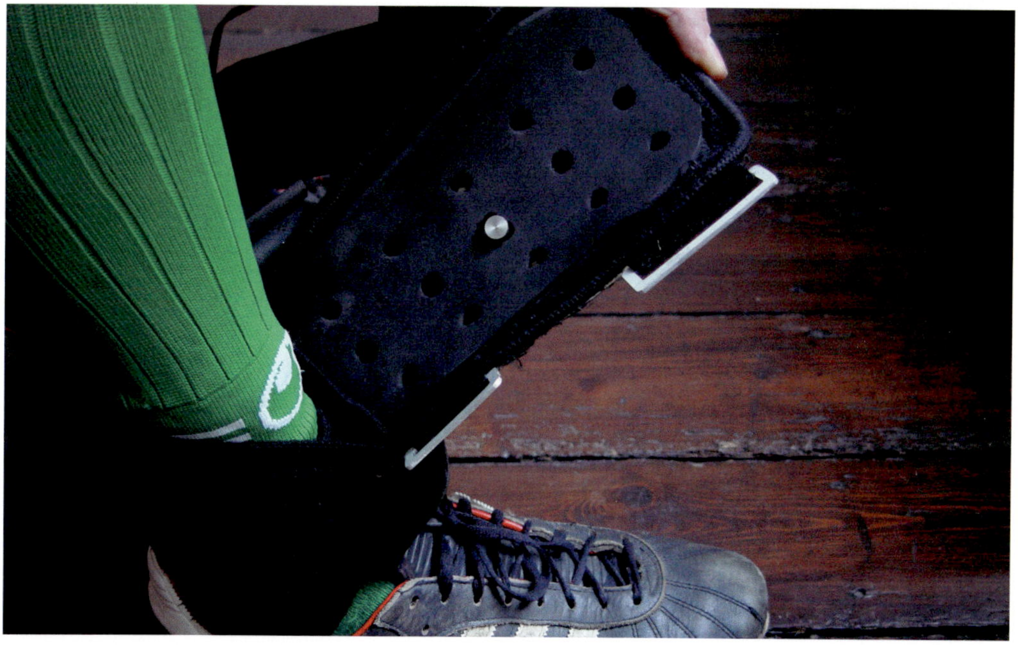

1 Volker Morave & Tilman Reif (FUR); *LegShocker*, 2002; Schienbeinschoner mit aufgesetztem Hub-Stossmagnet; I/O Controller für PlayStation 2

Asylpolitik Schweiz

Der schweizer Designer Alex Sonderegger, geboren in Afrika, heute in Tokio lebend, kennt selbst das Gefühl in einem fremden Land zu leben, aber wegen sprachlicher Barrieren nie vollständig in die Gesellschaft eingebunden zu sein. Seine Erlebnisse in schweizer Asylbewerbercamps brachten ihn auf die Idee einen Kickertisch in Kreuzform zu bauen:

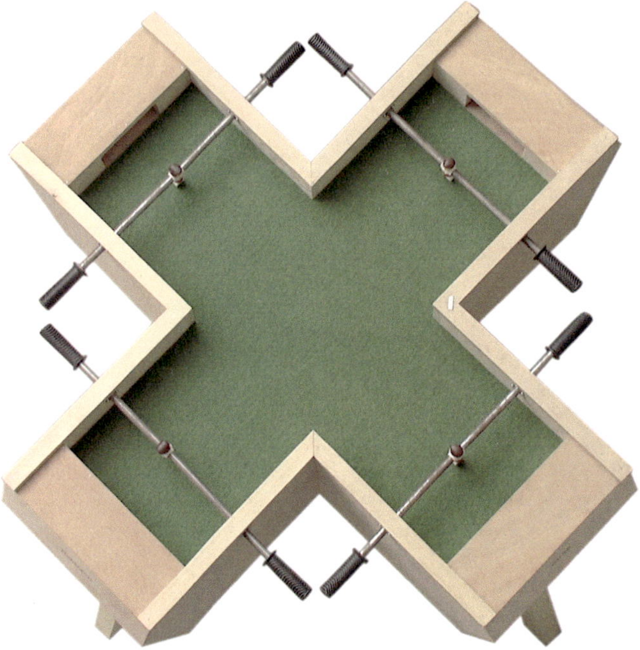

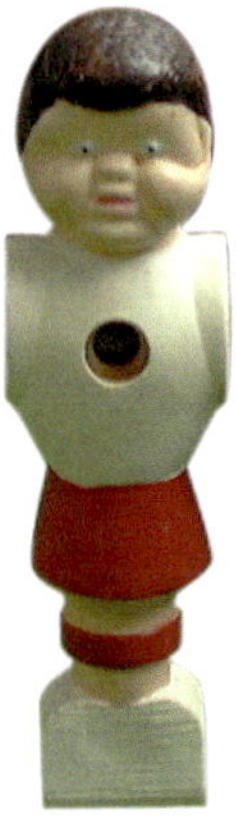

"Der Kasten entstand 1996 und war für eine Ausstellung in Luzern zum Thema schweizer Asylpolitik. Dafür verbrachte ich zwei Wochen in drei verschiedenen Asylbewerbercamps in der Schweiz. Verbale Kommunikation war fast nicht möglich, man lächelte mir zu oder musterte mich mit skeptischen Blicken. Diese Häuser hatten eine komische Stimmung. Es waren Hoffnung, Angst und fremde Gerüche in der Luft. Ich probierte, die Leute zu fotografieren, zu skizzieren, aber die Leute mochten das nicht. Alle warteten, in der Hoffnung, ein Visum zu erhalten. Die Häuser durften sie nicht verlassen..... Langeweile. Die einzig mögliche Auseinandersetzung verlief über Pingpong-Spiel oder den Fußballkasten. Dort wurde es plötzlich laut. Die Leute verstanden, worum es ging: Man gewann, man verlor. Es wurden Schultern geklopft, man verstand sich plötzlich ohne wirklich zu sprechen. Die Inder luden mich zum Essen ein, kurdische Frauen lasen mir den Kaffeesatz und Jugoslawen beschrieben mir ihre Traumfrauen.

1 Alex Sonderegger; Kicker in Kreuzform
Asylpolitik Schweiz, 1996;
Material: Holz, Metall, Kunstrasen

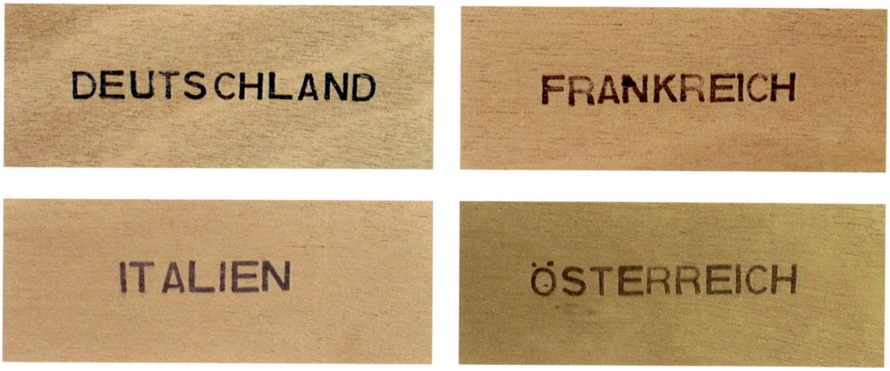

Danach sah die Schweiz für mich wirklich wie ein Spiel aus. Das Traumland Schweiz? Der Wohlstand, die 4 Grenzen und die Leute, die hier leben wollten.... Zuflucht suchten. In meinem Kasten waren die kleinen Fußbälle aus Schokolade und wurden während der Ausstellung von frechen schweizer Besuchern gegessen."

Die Fußbälle sollten auf das „Schokoladenland" Schweiz anspielen, das für die Asylsuchenden zunächst eine Art Traumland darstellte. Sonderegger allerdings erlebte in dem Camp Ernüchterung. Die meisten hatten die winterliche Kälte der Schweiz unterschätzt, viele wussten gar nicht über ihren weiteren Verbleib Bescheid, da sie sich sprachlich nicht verständigen konnten. Zwar waren Übersetzer vor Ort, vieles blieb jedoch unklar.

So stellte sich heraus, dass der Kicker im Camp der einzige Vermittler zwischen den Kulturen war.

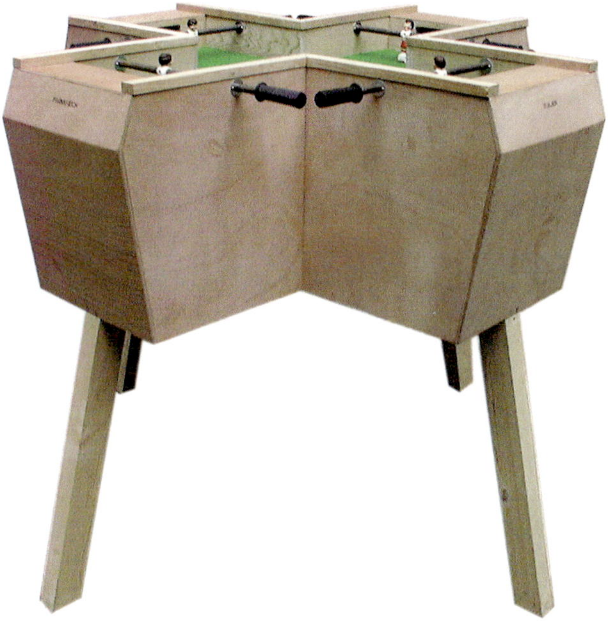

Männer spielen Frauenspiele

Uta Brandes

Es ist eigentlich so klar: Fußball ist weiblich. Umso erstaunlicher, dass dermaßen viele Männer sich dieser typisch weiblichen Tätigkeit hingeben – praktisch, theoretisch und rezeptiv.

Gut, wir könnten versucht sein, daraus zu schließen, unsere Gesellschaft habe sich so weit emanzipiert, dass es kein Problem mehr darstellt, wenn Männer weibliche Bereiche erobern, ja darin sogar zu enthusiastischen Fans werden. Irritierend an dieser These ist lediglich, dass es sich bei Fußball offenbar um den annähernd einzigen frauentypischen Bereich handelt, in dem Männer wildern.

Vergewissern wir uns exemplarisch wesentlicher Merkmale und Tätigkeiten, die männlich oder weiblich konnotiert sind, und vergleichen wir diese mit jenen, die beim Phänomen Fußball ins Auge springen. In unseren entwickelten westlichen Gesellschaften assoziieren wir als frauentypisch – um nur einige zu nennen:

rund, emotional, körperbetont, modisch-erotisch...

1. rund

Bereits der gute alte Sepp Herberger (1897-1977), der der (west)deutschen Männer-Nationalmannschaft von 1950-1964 als Bundestrainer vorstand, hatte erkannt: „Der Ball ist rund". Wie Recht der Mann hatte. Frauenkörper weisen viel mehr Rundungen auf als die männlichen, Rundungen sind Frauen also vertraut. Neben – oder wahrscheinlich gerade wegen – dieser Körpernähe zum Runden wird Frauen ein besonderes Verhältnis nachgesagt zu allem, was harmonisch statt kantig, handschmeichlerisch statt hart ist. Runde Formen kommen in der Natur vor, rechteckige oder quadratische sind kulturelle Artefakte. Frauen werden dem Naturhaften zugeordnet. Schließlich heißt es ja auch „Mutter Natur" und der Geist ist maskulin. Insofern ist es nur konsequent, dass Fußball ein nicht sonderlich intellektuell angelegtes Spiel ist, sondern sich der einfachen Natürlichkeit erfreut, wo der Geist eine untergeordnete Rolle spielt (der runde Kopf wird hier ja auch eher zum Köpfen genutzt als zum tiefen Denken).

Ein kleines Problem allerdings will noch beseitigt werden: Bei Tischfußball sind alle Figuren männlich. Als der Designer Marc Benz diesen unbefriedigenden Zustand ändern wollte, stellte sich heraus, dass die anatomische Gestalt weiblicher Figuren Balanceprobleme aufwirft; insbesondere dann, wenn Berühmtheiten zum Vorbild genommen wurden, die ausgesprochen weibliche Formen aufweisen: Pamela Anderson etwa war nicht in der Vertikalen zu halten, sondern fiel immer sofort in die Horizontale. Insofern eignen sich für Tischfußball besser knabenhaft-androgyne Tischfußballerinnen.

2. emotional

Beim Fußballspielen – und je professioneller, desto heftiger – benehmen sich Männer so, wie es als typisch für Frauen gilt. Sie haben ein ausgeprägtes Gruppengefühl, und sie geben diesem reichlich Ausdruck durch enorme Gefühlswallungen: Sie brüllen, weinen, brechen zusammen, lachen, hüpfen vor Freude, stampfen zornig auf oder schlagen den Ball trotzig weg. Etwas Infantiles schlägt hier durch, und das wiederum liegt dem weiblichen Geschlecht weitaus näher als dem männlichen.

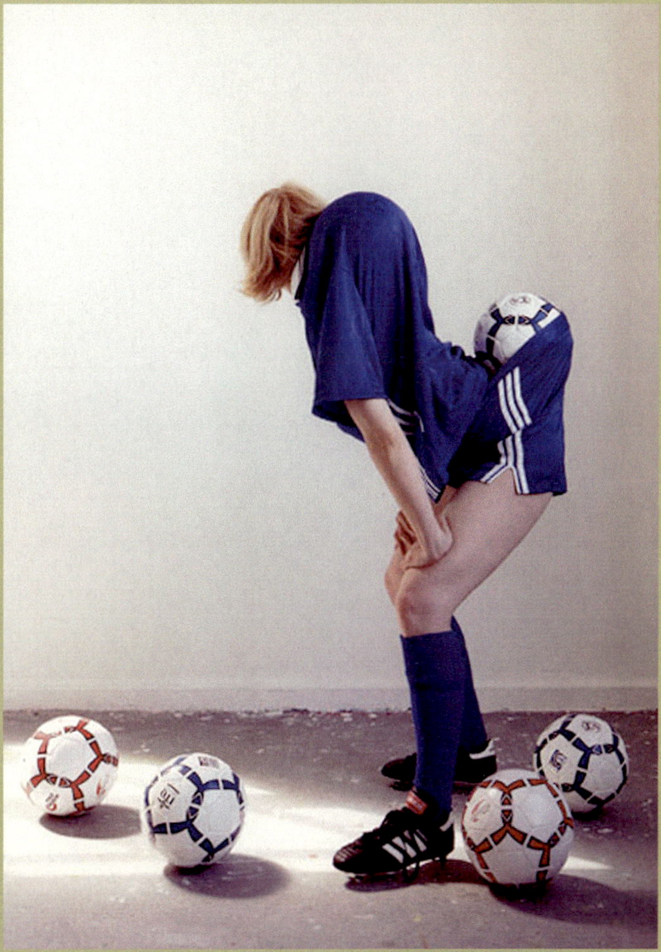

1 Daniela Steinfeld: *Diego I*
aus der Serie *Born to be Kings*, 1997;
Fotografien, c-print auf Forex

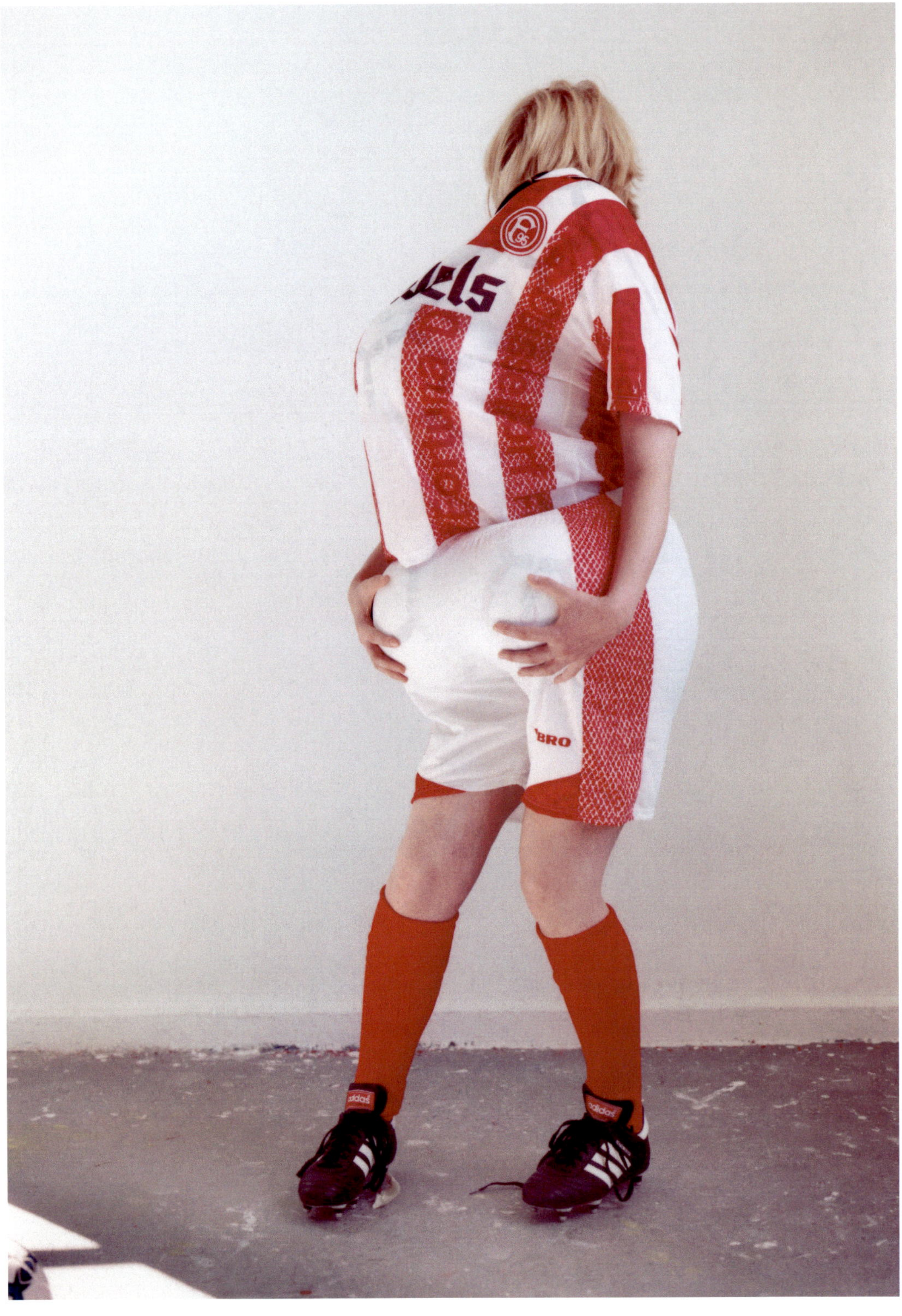

1 Daniela Steinfeld; *Paul*
aus der Serie *Born to be Kings*, 1997;
Fotografien, c-print auf Forex

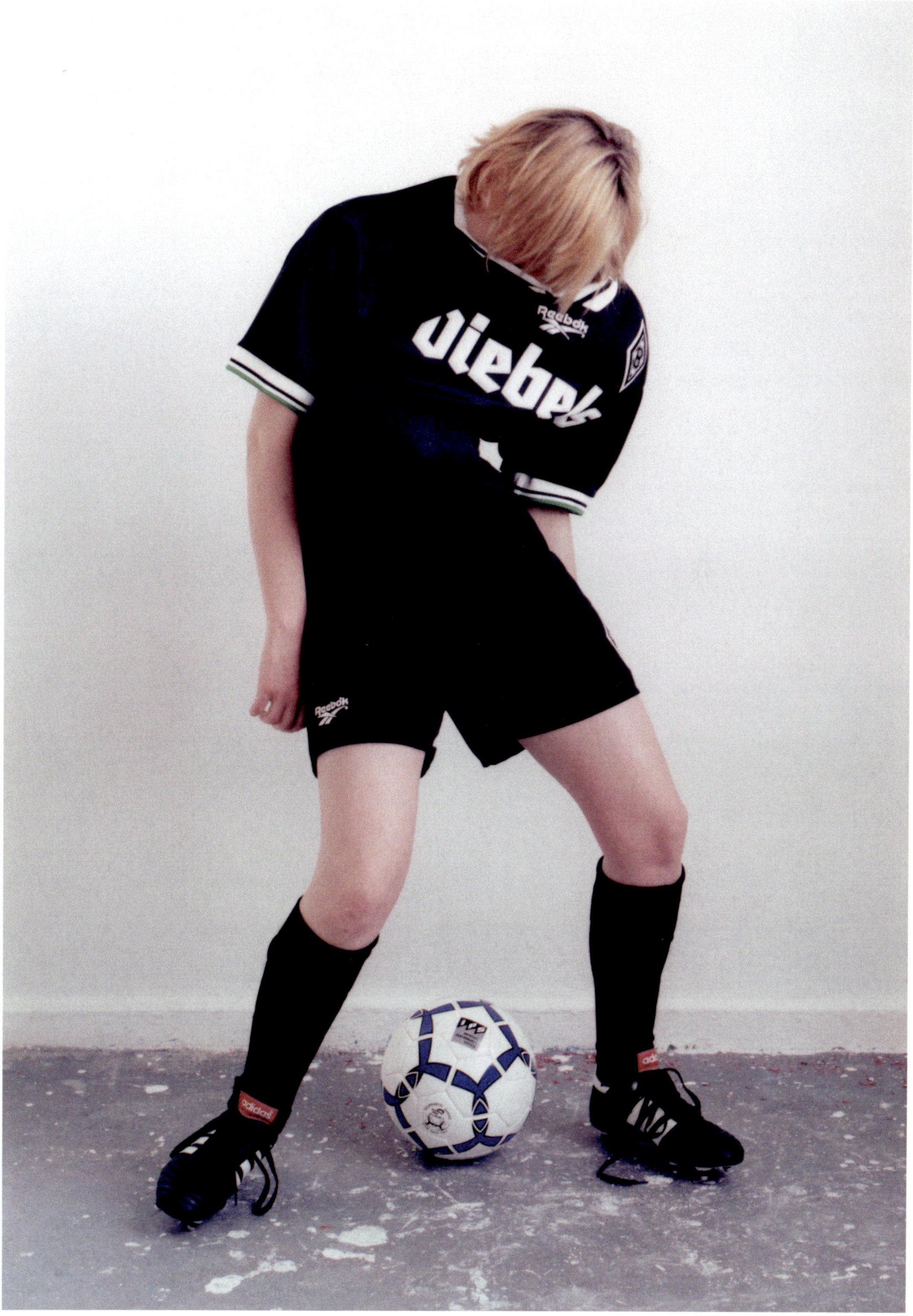

1 Daniela Steinfeld; *Toni*
aus der Serie *Born to be Kings*, 1997;
Fotografien, c-print auf Forex

3. körperbetont

Mit der Emotionalität hängt eine stark ausgeprägte Körperlichkeit zusammen, die wir gern als Girlie-Attitude bezeichnen würden – wenn da nicht (zur Erinnerung: Wir sprechen trotz allen unüblichen Gebarens doch immer noch über Männer im Fußballgeschehen) diese homoerotischen Anklänge wären. Eigentlich jedoch sind ständiges Anfassen und der Wunsch nach großer Körpernähe typische Vergewisserungswünsche von Frauen beziehungsweise Mädchen, die damit normalerweise viel weniger Probleme haben als ihre männlichen Gegenstücke.

Im Fußball aber übertrifft der expressive Körperkontakt zwischen zwei oder gar mehreren Spielern alles mädchenhaft Dagewesene: Da werden Arme und Beine ineinander geschoben, kokett am Leibchen gerissen oder gar – vor Zehntausenden von Menschen – obszön an der gegnerischen Hose gefummelt. Das wird ja dann auch von den Kommentatoren als „körperbetontes Spiel" analysiert und manchmal gelobt. Ansonsten wälzt man sich auf dem Boden, umarmt sich, springt sich an, fasst sich zu Elft an den Händchen und schwingt sie von oben nach unten. Ganz erstaunlich aber wird es, wenn einer dieser Männer dazu übergeht, an sich selbst Hand anzulegen, um seinen manchmal durchaus attraktiven Oberkörper vollständig zu entblößen.

2 Versionen sind bekannt: entweder wird das Trikot zur triumphierend geschwungenen Fahne oder das Top wird als Gespensterverkleidung genutzt – ein Brauch allerdings, der bei Frauen kaum ausgeprägt ist. Zu Beginn der neuen Spielsaison nach der Sommerpause übrigens warteten wir alle gespannt darauf, ob Giovanne Elber seine Ankündigung praktisch umsetzen würde: dass nämlich, falls er im ersten Spiel für seinen neuen Verein Borussia Mönchengladbach ein Tor gegen seinen alten Verein Bayern München schösse, er sich splitternackt ausgezogen hätte. – Leider werden wir nie erfahren, ob er seinen Worten hätte Taten folgen lassen, denn nicht nur schoss er kein Tor, sondern sein Verein verlor 3:0 gegen den Deutschen Meister.

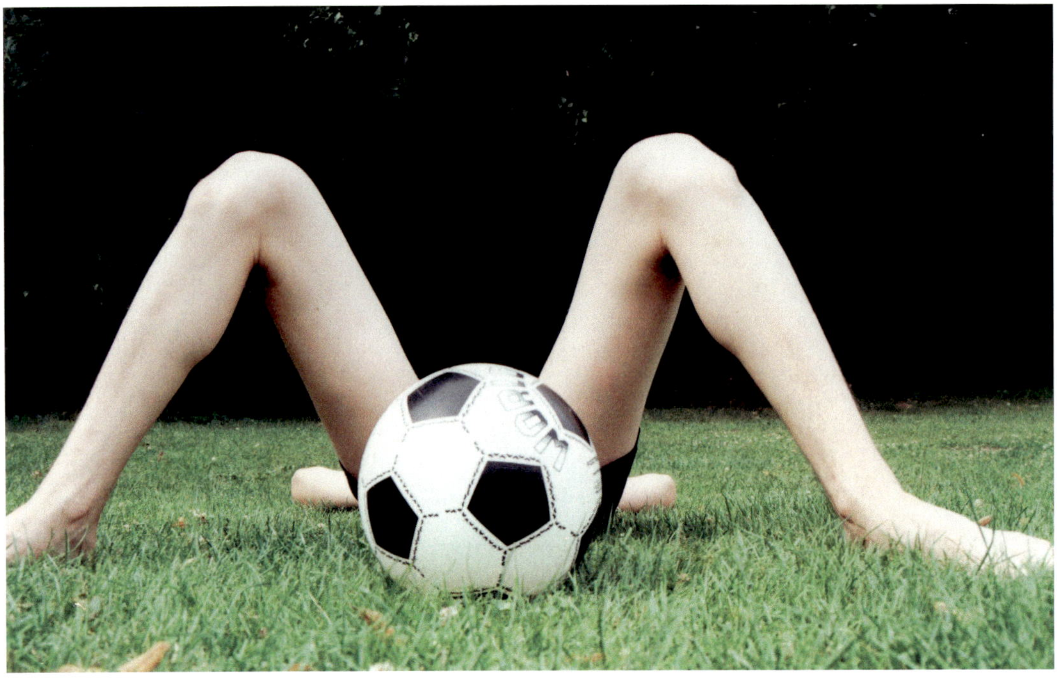

Boris Mikhailov: Fotografie aus der Serie *Football*, 2000; Courtesy Galerie Barbara Gross, München

4. modisch

Fußballspieler können durchaus auch dann aufregend modisch-erotisch wirken, wenn sie ihre Kleidung anbehalten. Es gab Zeiten (1960er/1970er Jahre), da sahen wir Fußballspieler in höchst attraktiven Hot Pants, die wir sonst eher bei Frauen vermuten.
Gern auch sähen wir bald die in Deutschland noch höchst umstrittene Po-Werbung, also interessante Werbesprüche und Brands auf dem Gesäß der Spieler. In anderen Ländern dürfen wir sie bereits bewundern, seit die FIFA die Hosenwerbung offiziell freigegeben hat. Und warum – so fragen wir uns erwartungsvoll – sollte die Werbung auf die spielerische Rückseite beschränkt sein, wenn wir sie doch ebenso gern auf der Hosenvorderseite sähen? Im Übrigen sind die männlichen Kicker auch beim Hairstyling und dem Aufwand, den sie darauf verwenden, den Frauen weit überlegen. Kein Fußballspieler aber hat Fashion und Body Design so perfekt und aufregend in diesen Sport eingebracht wie David Beckham. Der erfüllt sogar hetero- und homosexuelle Sehnsüchte in einer Person und zu gleicher Zeit. Mit der Vermarktung seines schönen Körpers und der modischen Hüllen, die ihn umschmeicheln, verdient er noch weitaus mehr als mit seinem – auch nicht gerade unterbezahlten – Kicken. Er ist die erfolgreiche und instrumentalisierte Sexbombe, eine Rolle, die normalerweise den Frauen vorbehalten schien. Den weiblichen Fans bleibt dann nur, sich von den Röschen-Tattoos zu verabschieden und sie durch jene ihres Lieblingsvereins zu ersetzen: schlicht – etwa als Zahl 1887 – für den HSV.

Und doch bleiben einige Zweifel, ob Fußball selbstverständlich weiblich ist oder zumindest sein müsste. Denn überall dort, wo zum Beispiel im Internet explizit auf den Kontext „Frauen und Fußball“ verwiesen wird, erscheinen Frauen weiterhin als Fußball-Dummchen: Ihnen wird die Abseitsregel pädagogisch erläutert, Mädchenfußball läuft unter „footie chicks“ und besteht überwiegend aus Mode; mit einer Unterrubrik „serious footie chicks“ für Mädchen, die sich tatsächlich für Fußball interessieren. Und dann – es war zu befürchten – trifft man auf Anti-Frauen Witzseiten, die das Dreieck Frauen – Sex – Fußball unter höchst unoriginellen Umständen zusammenführen. Und deshalb schließen wir versöhnlich mit dem runden Leder und einer männlichen Fußballlegende:
„Das Geheimnis des Fußballs ist ja der Ball.“ (Uwe Seeler)

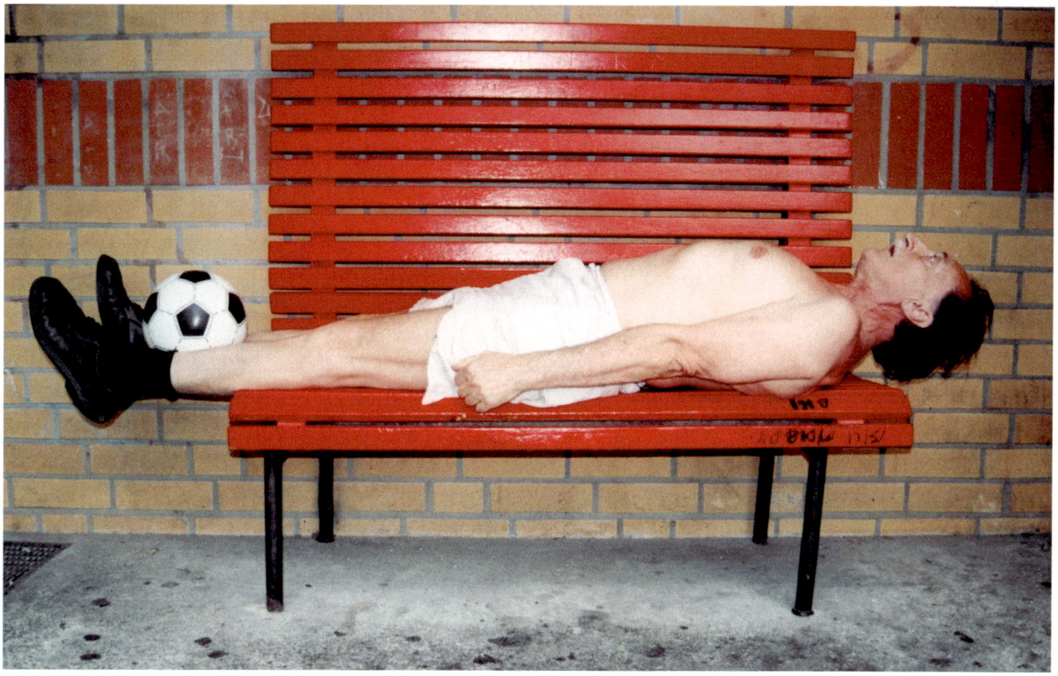

1 Boris Mikhailov; Fotografie aus der Serie *Football*, 2000; Courtesy Galerie Barbara Gross, München

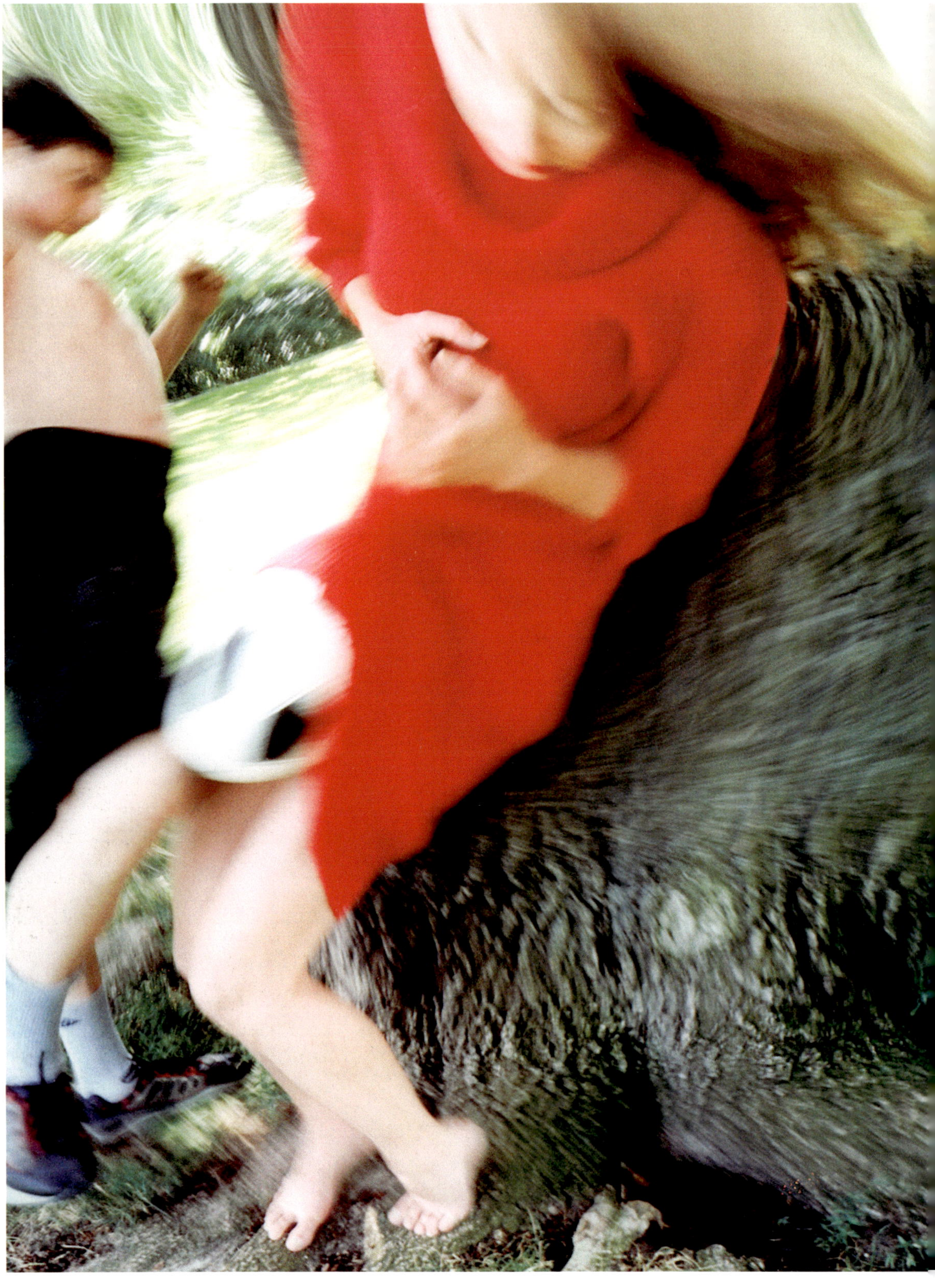

1 Boris Mikhailov; Fotografie aus der Serie *Football*, 2000; Courtesy Galerie Barbara Gross, München

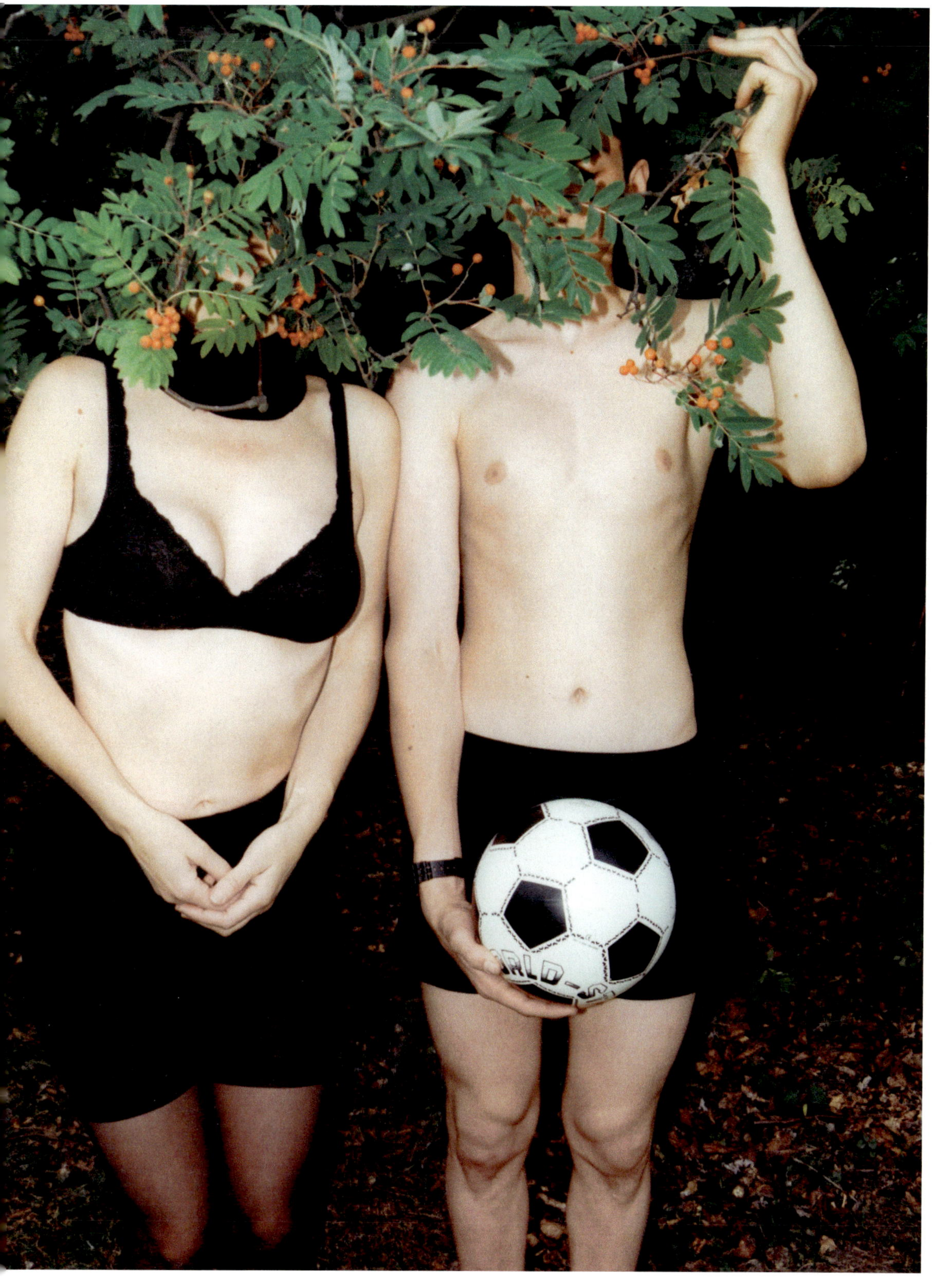

1 Boris Mikhailov; Fotografie aus der Serie *Football*, 2000; Courtesy Galerie Barbara Gross, München

Member
of the
Oberliga

ALTONA 93

Fußball-Club von 1893

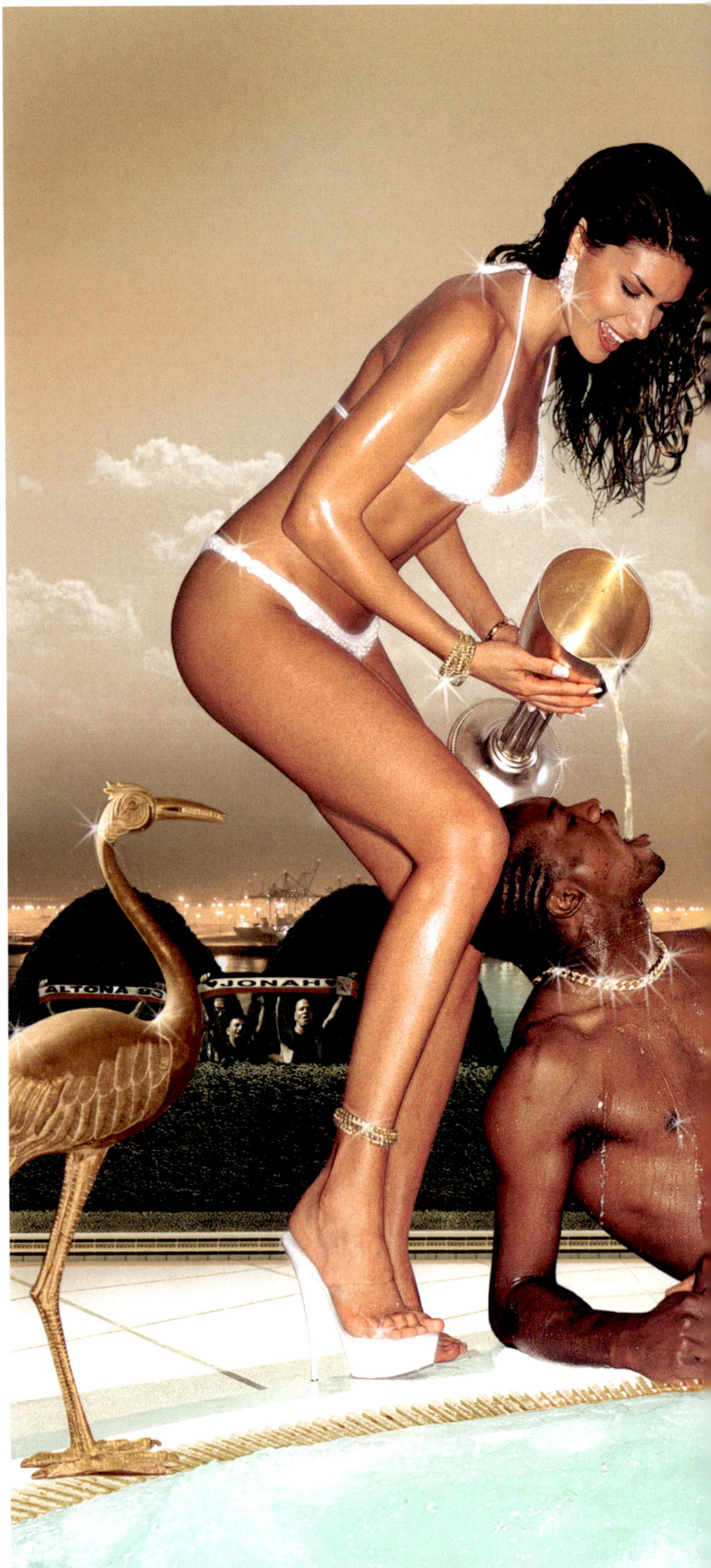

1 Anzeigenmotiv der Imagekampagne *Altona 93. Member of the Oberliga*, 2002; Agentur: Nordpol Hamburg; Creative Director: Lars Rühmann; Art Director: Björn Rühmann, Bertrand Kirschenhofer; Grafik: Kristoffer Heilemann, Björn Rühmann, Bertrand Kirschenhofer; Text: Ingmar Bartels

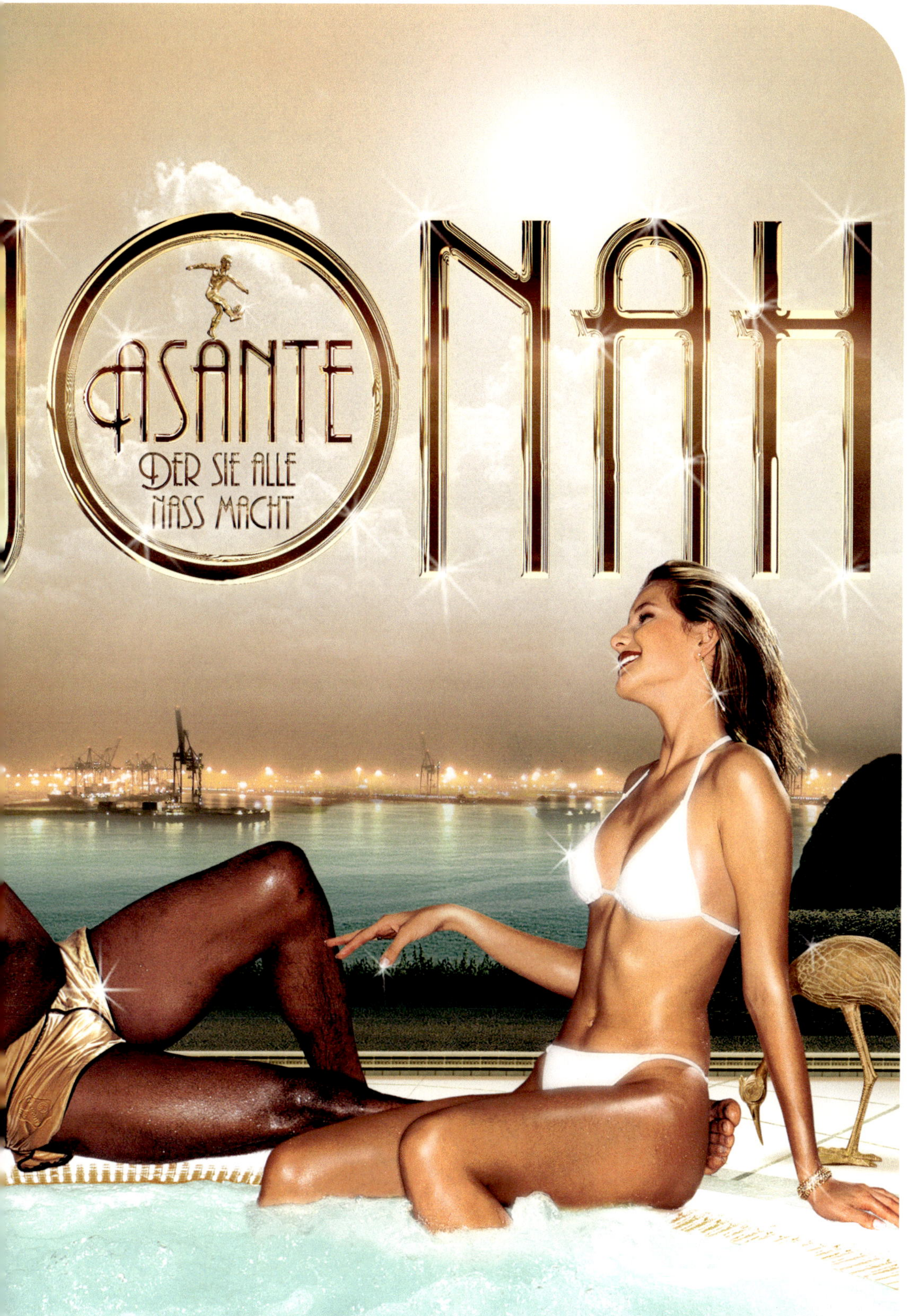
ONAH
ASANTE
DER SIE ALLE
NASS MACHT

Member
of the
Oberliga

ALTONA 93

Fußball-Club von 1893

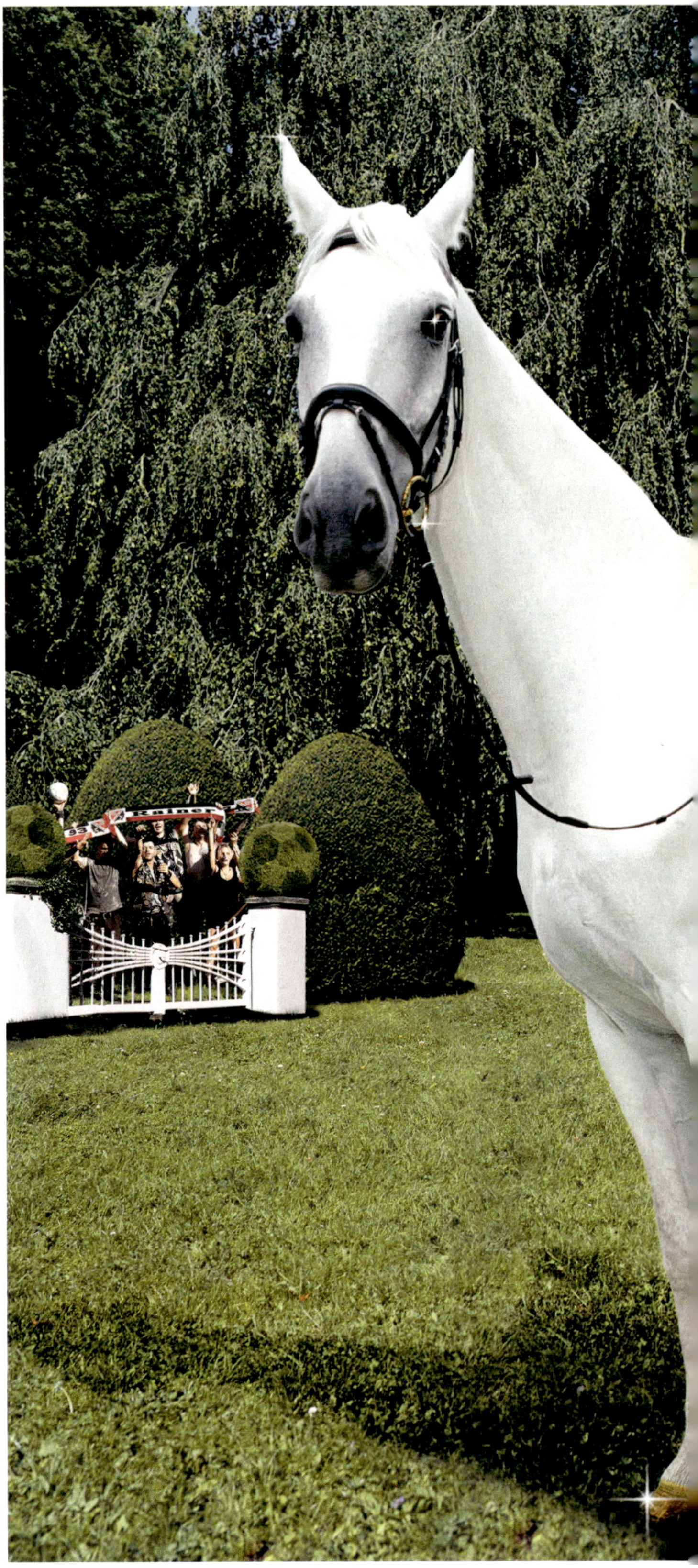

1 Anzeigenmotiv der Imagekampagne *Altona 93. Member of the Oberliga*, 2002: Agentur: Nordpol Hamburg; Creative Director: Lars Rühmann; Art Director: Björn Rühmann, Bertrand Kirschenhofer; Grafik: Kristoffer Heilemann, Björn Rühmann, Bertrand Kirschenhofer; Text: Ingmar Bartels

Rainer Maack

Glanzparaden en passant

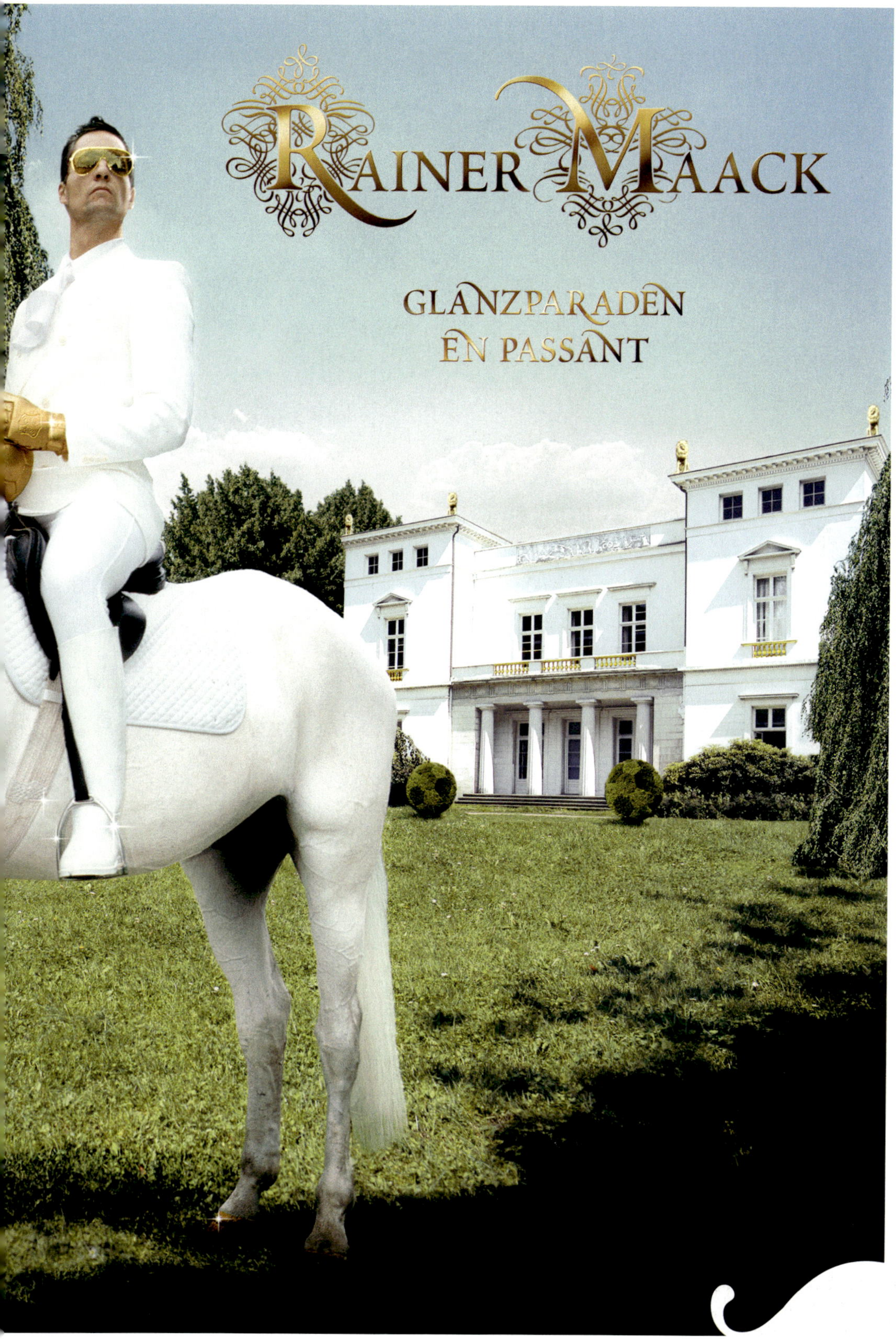

Member of the Oberliga

ALTONA 93

Fußball - Club von 1893

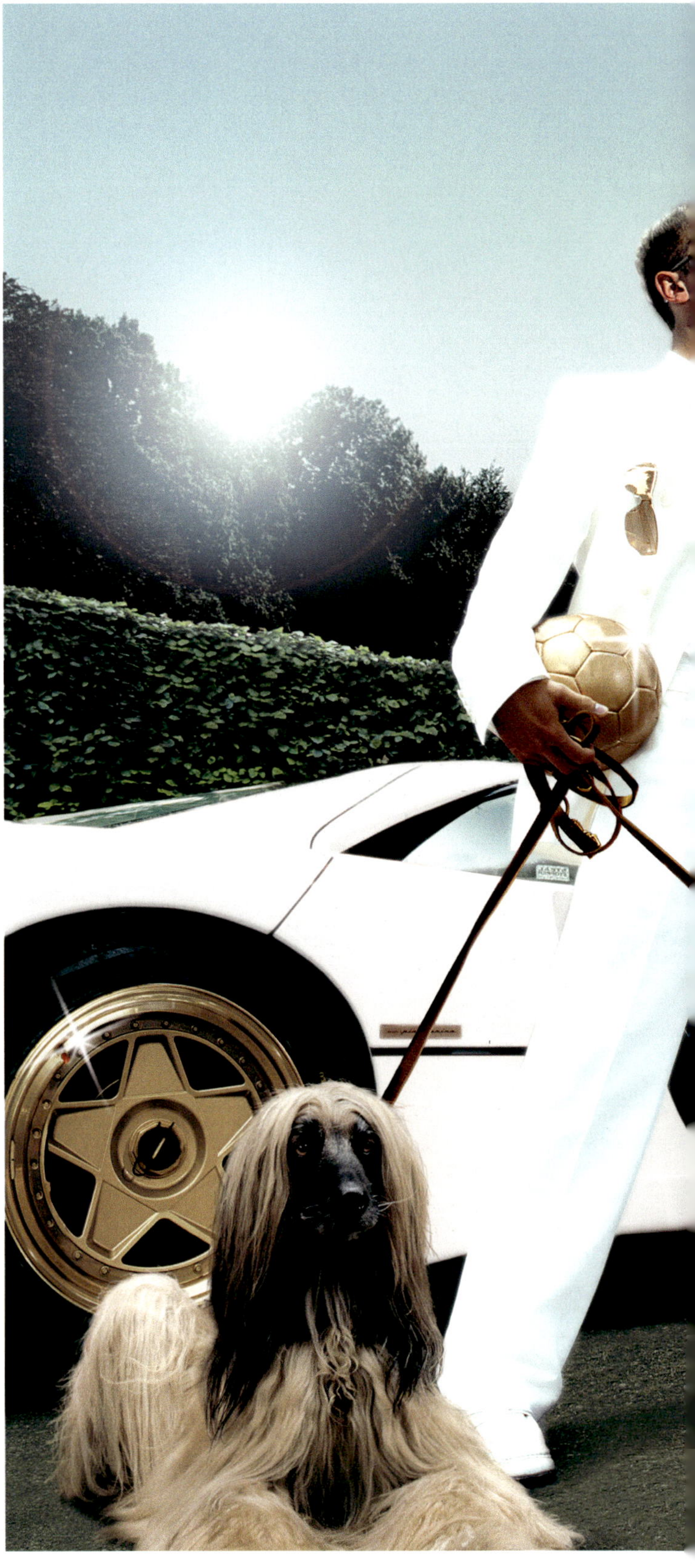

1 Anzeigenmotiv der Imagekampagne *Altona 93. Member of the Oberliga*, 2002; Agentur; Nordpol Hamburg; Creative Director: Lars Rühmann; Art Director: Björn Rühmann, Bertrand Kirschenhofer; Grafik: Kristoffer Heilemann, Björn Rühmann, Bertrand Kirschenhofer; Text: Ingmar Bartels

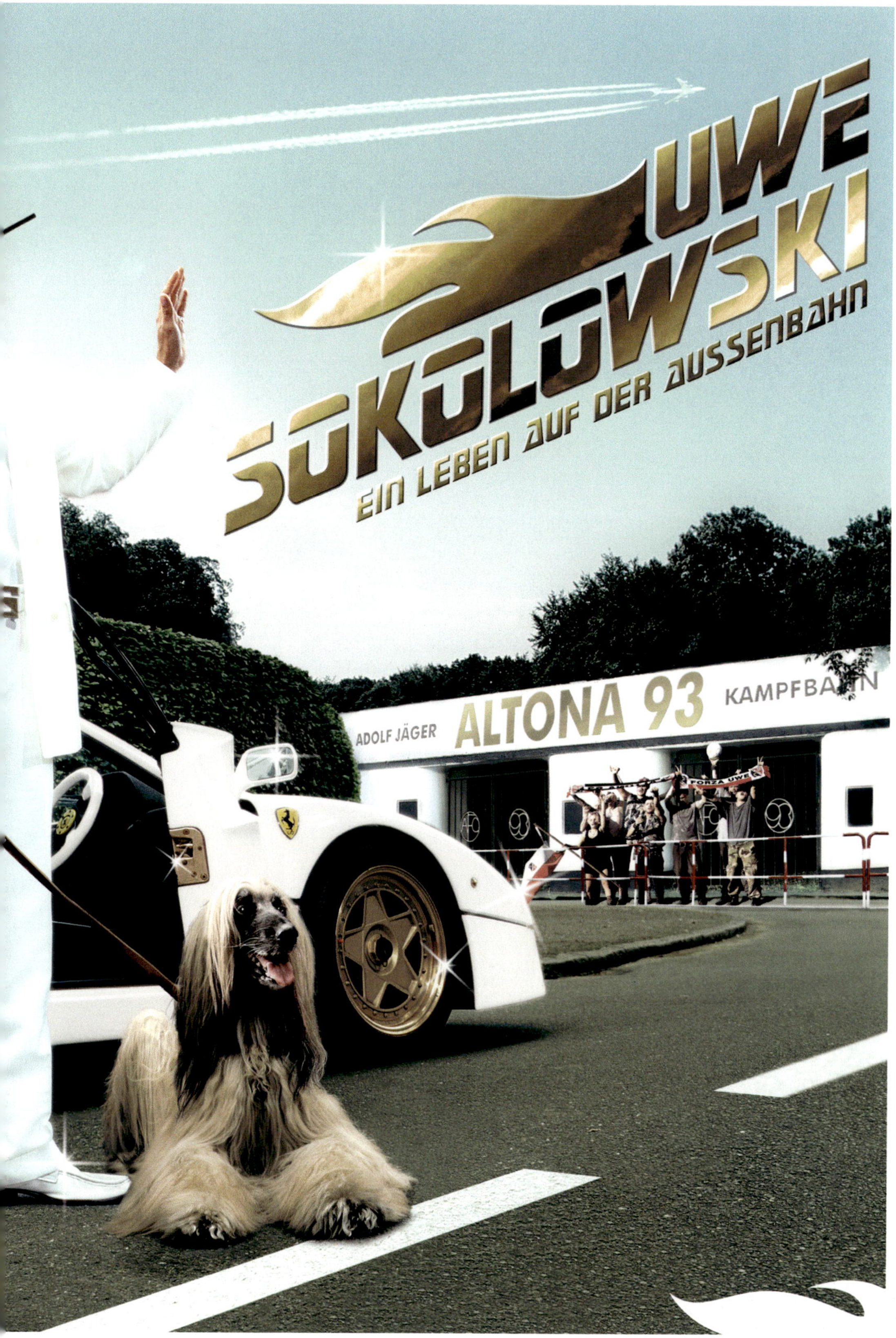
UWE SOKOLOWSKI
EIN LEBEN AUF DER AUSSENBAHN
ADOLF JÄGER
ALTONA 93
KAMPFBAHN
FORZA UWE

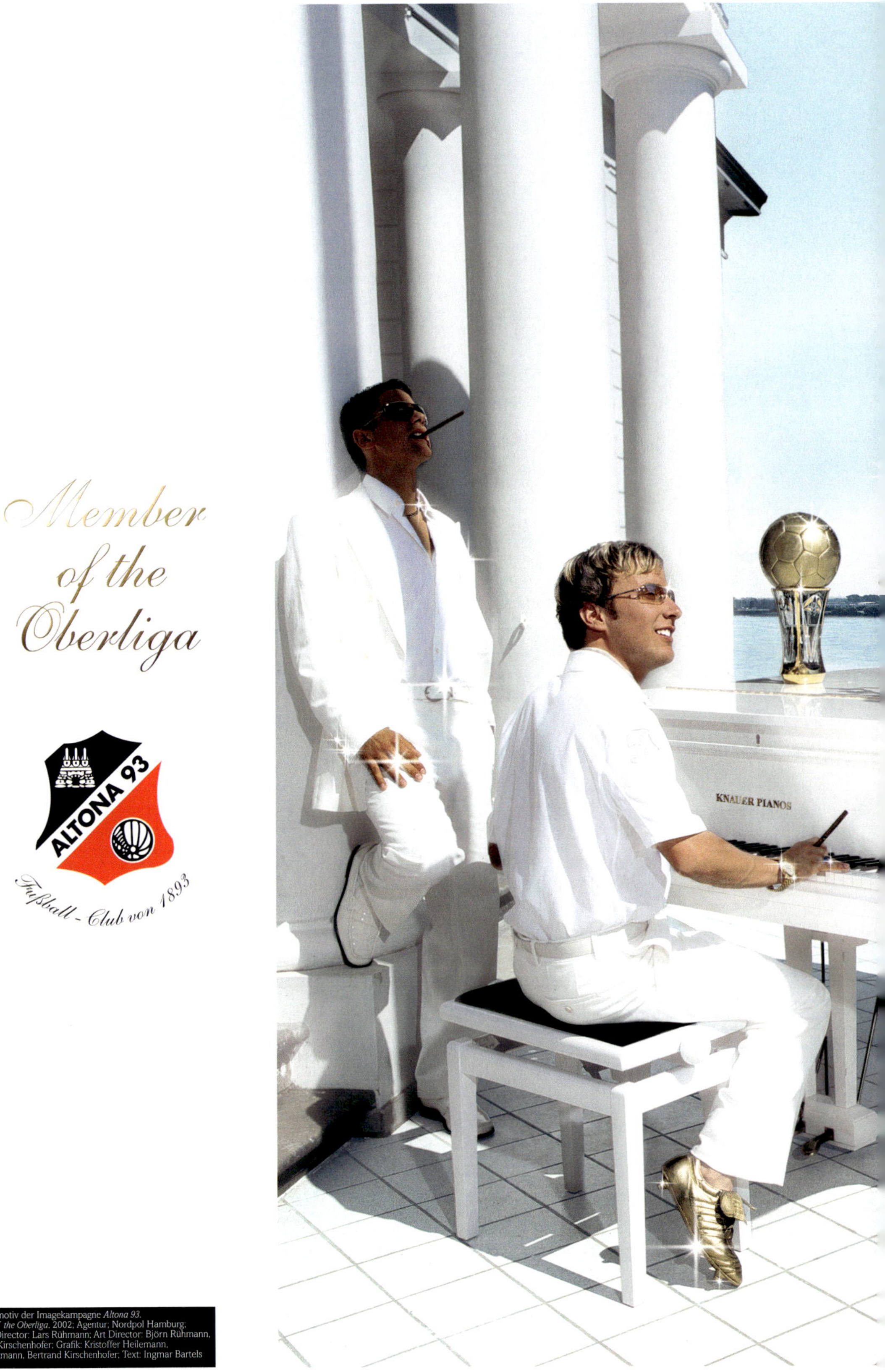

1 Anzeigenmotiv der Imagekampagne *Altona 93. Member of the Oberliga*, 2002; Agentur; Nordpol Hamburg; Creative Director: Lars Rühmann; Art Director: Björn Rühmann, Bertrand Kirschenhofer; Grafik: Kristoffer Heilemann, Björn Rühmann, Bertrand Kirschenhofer; Text: Ingmar Bartels

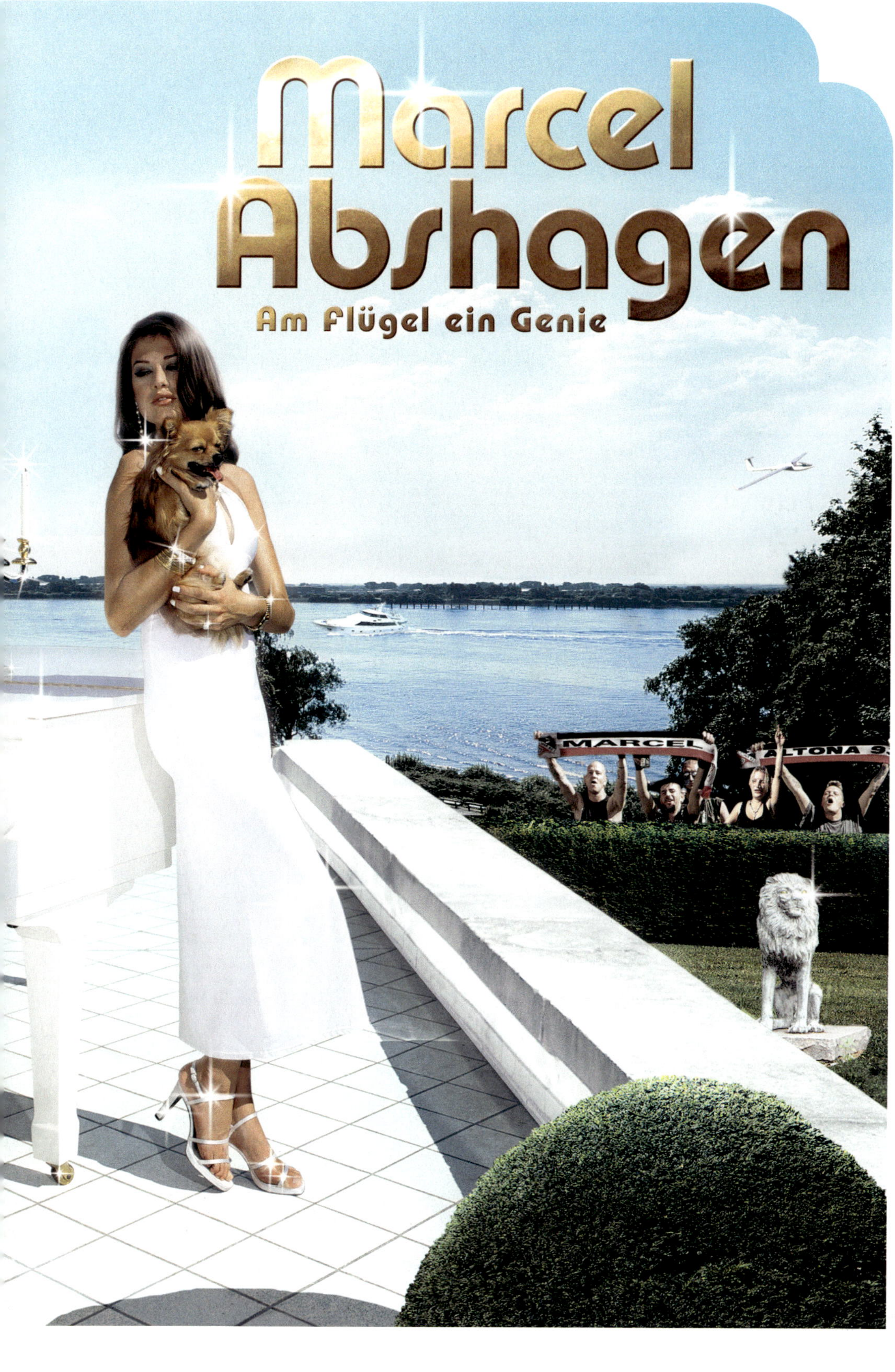
Marcel Abshagen
Am Flügel ein Genie
MARCEL

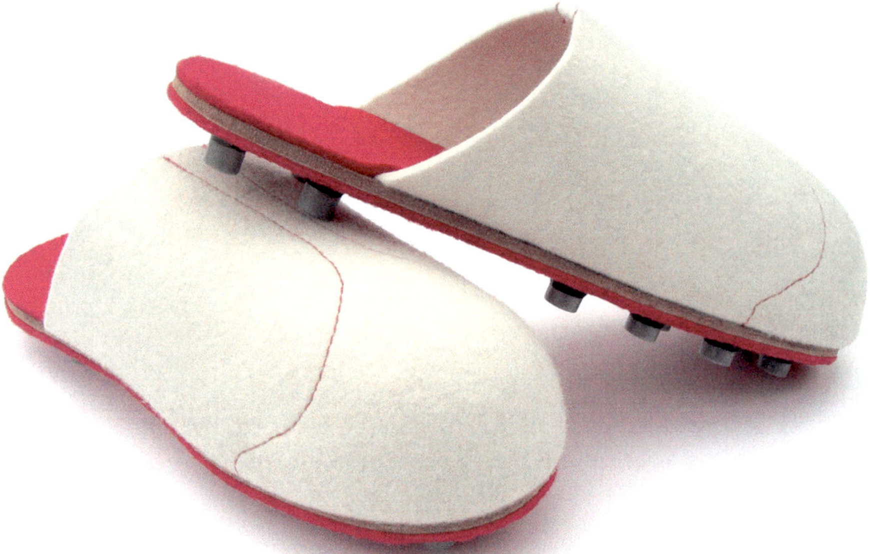

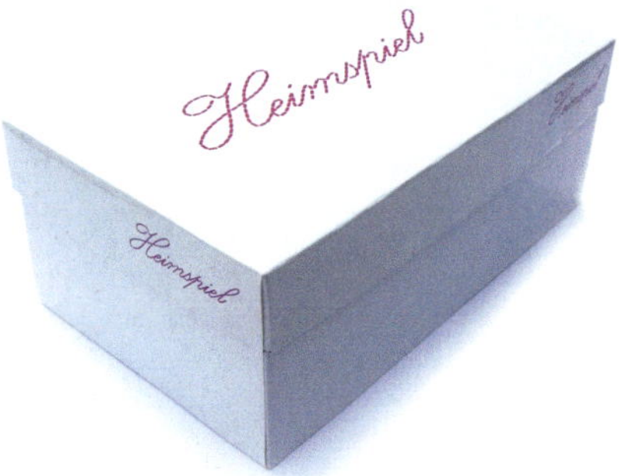

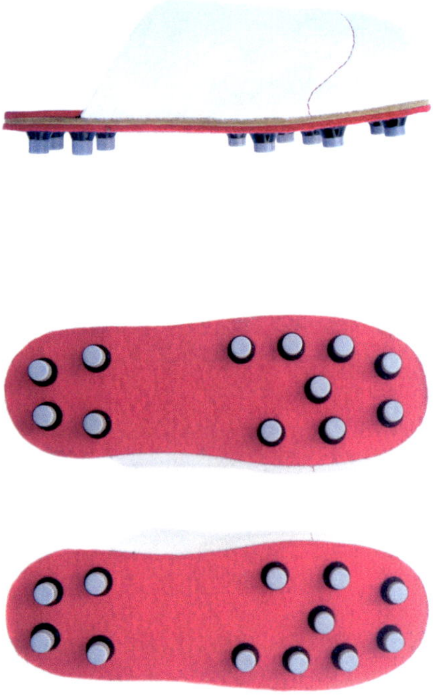

1 Claudia Müller: Fußballpuschen *Heimspiel*, 2005;
Material: Wollfilz, Leder, Stollen

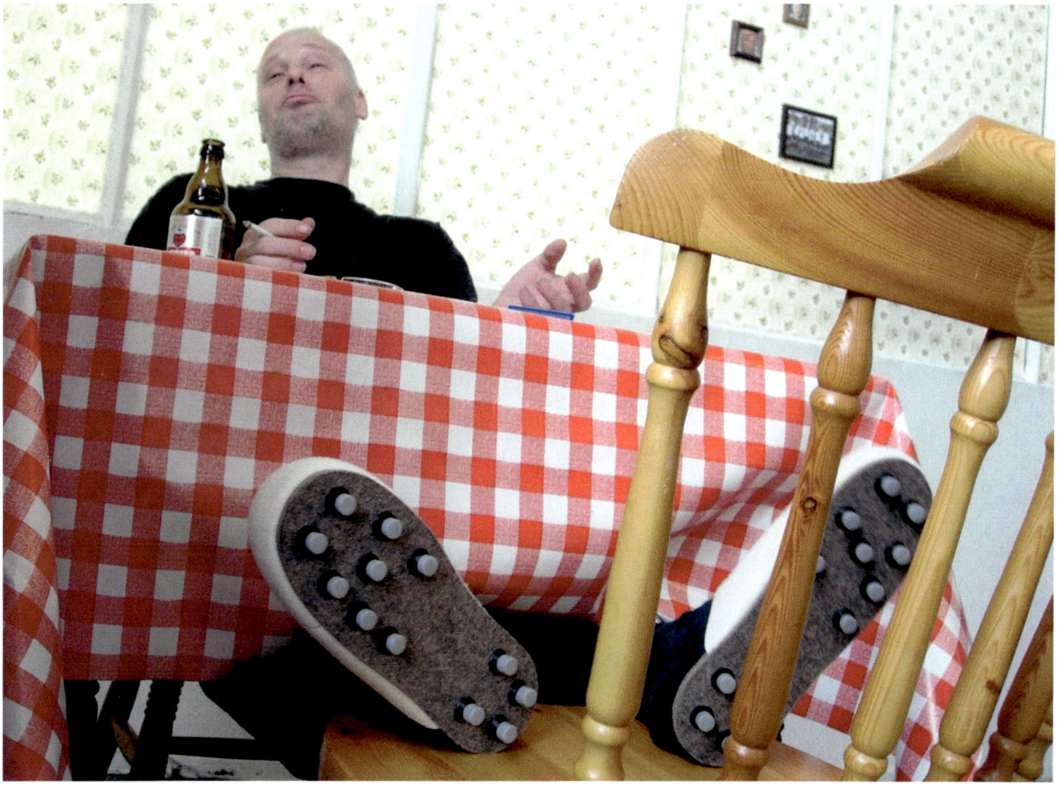

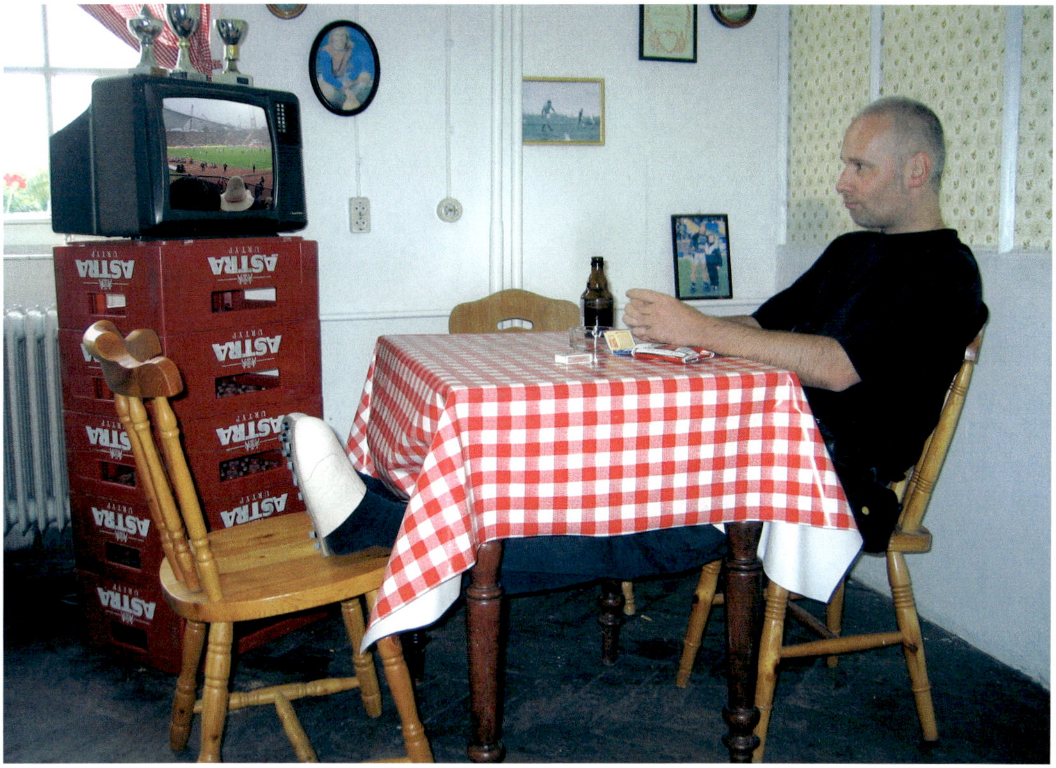
ASTRA
ASTRA
ASTRA
ASTRA
ASTRA
ASTRA
ASTRA
ASTRA

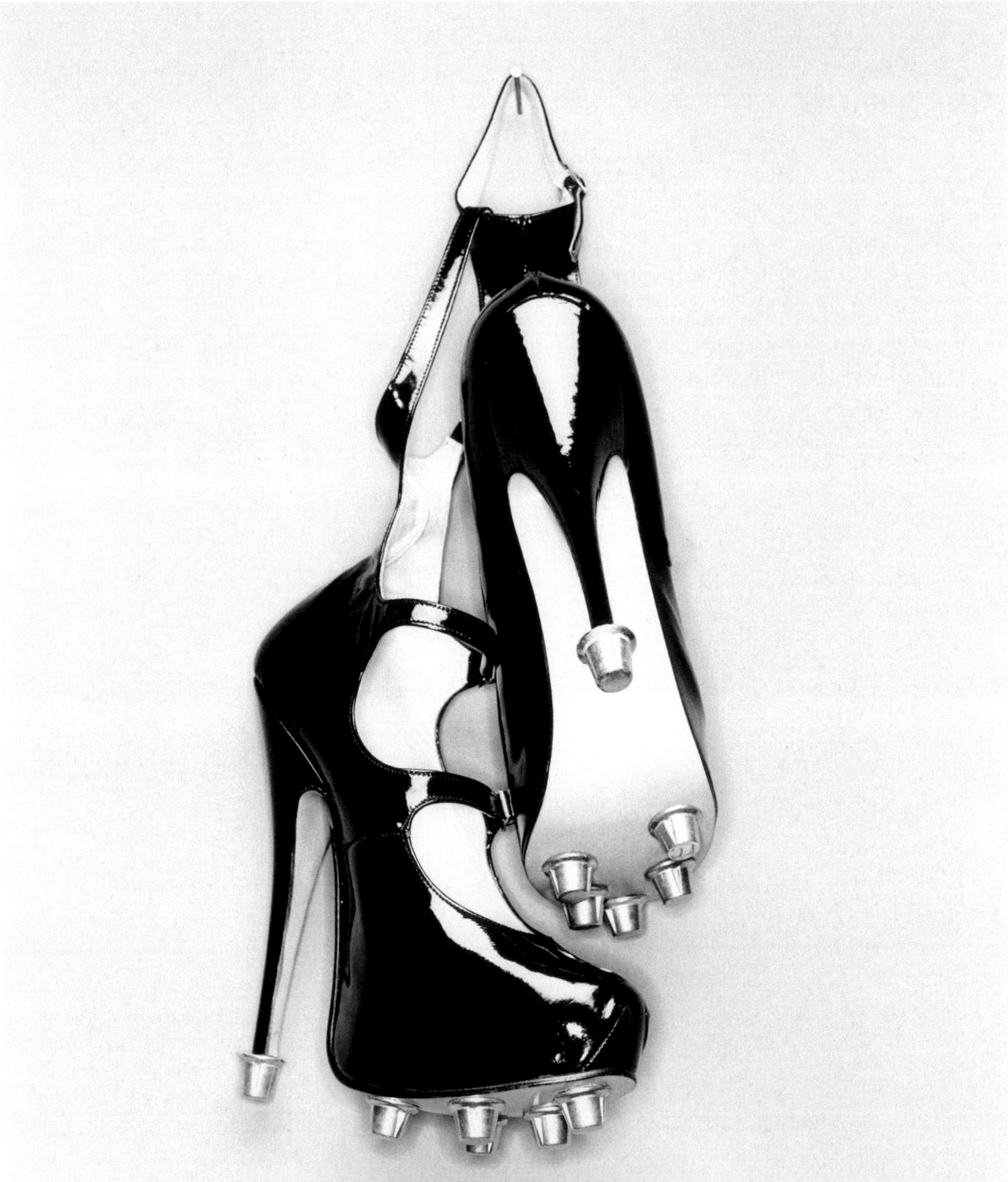

1 Freddy Contreras: *Stud*. 1996;
Foto: Angela Franke

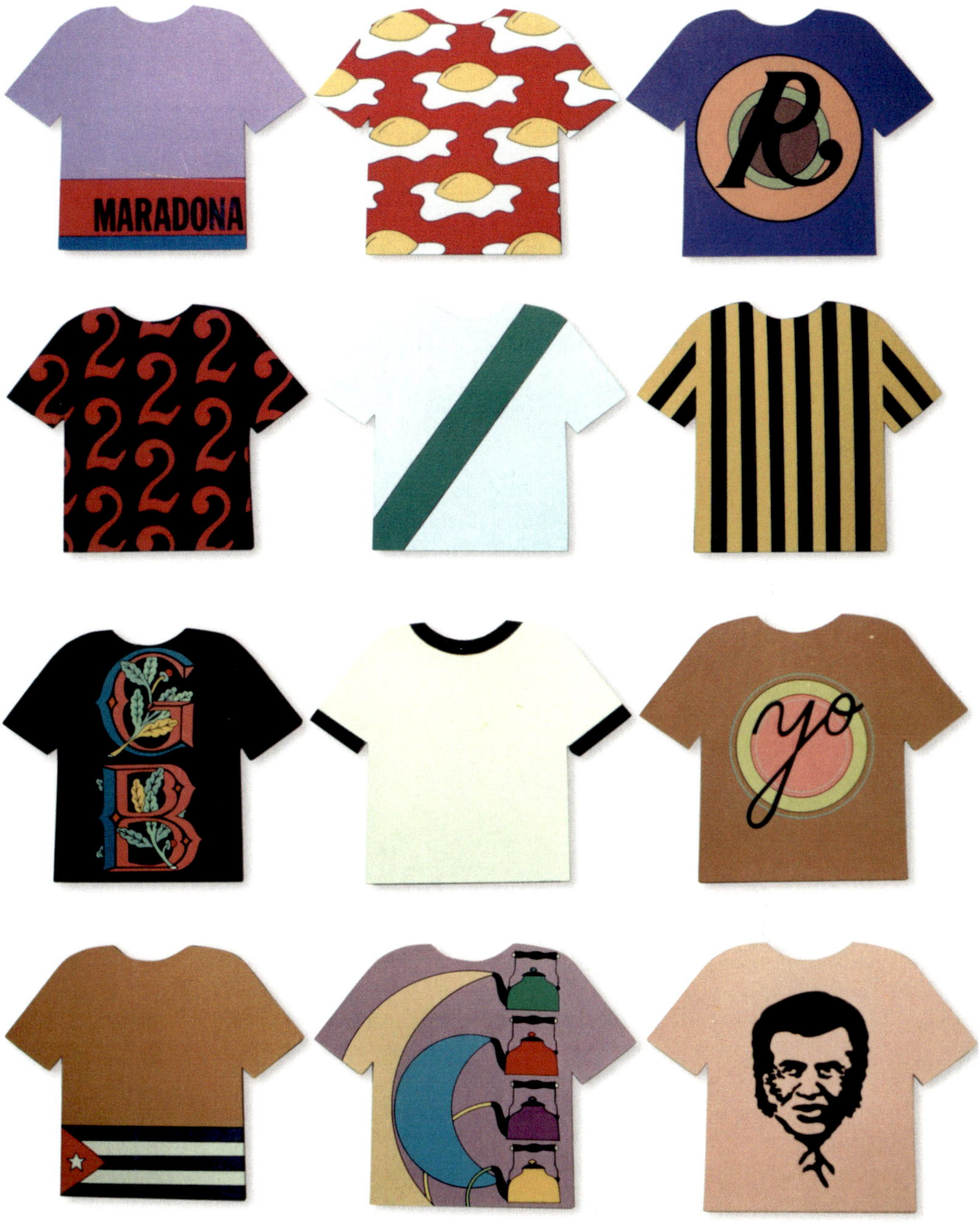

1 Rosana Fuertes; Installation *Pasión de mutitudes* (Detail). 1992-1993; Material: Holz und Acrylfarbe

Jubel und Schmerz. Der Ball im Bild

Carlos Obergruber-Boerner

Mit der bildlichen Wiedergabe eines Fußballspiels ist ein grundsätzliches künstlerisches Problem verbunden, das der Übertragung von Bewegung in das unbewegte Bild. In seinem 1435 veröffentlichten Traktat „Von der Malerei" hat der Künstler und Kunsttheoretiker Leon Battista Alberti dieses Problem zu lösen versucht, indem er die Visualisierung von Bewegung als die Summe jeder möglichen Bewegungsrichtung eines Körpers definiert. Alberti zählt sieben Bewegungsrichtungen auf: nach oben, nach unten, nach rechts oder links, sich entfernend oder sich nähernd und sich im Kreis bewegend.

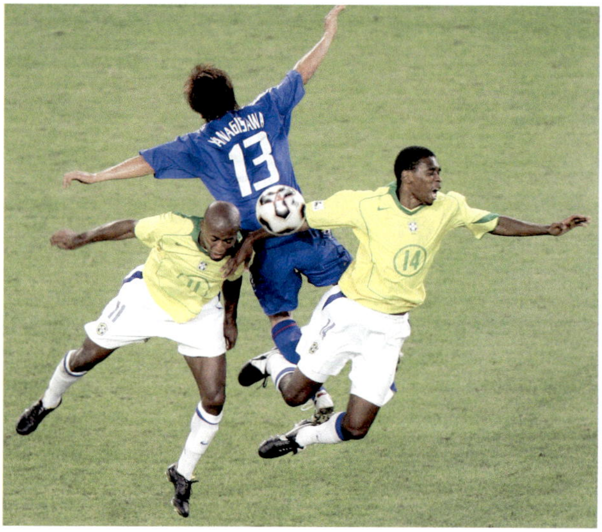

Ein Schnappschuss des Fotografen Fabian Bimmer aus der Begegnung Brasilien-Japan im Confederations-Cup 2005, illustriert Albertis Definition in geradezu idealer Weise. Die drei im Sprung festgehaltenen Spieler üben alle diese Bewegungen aus, einschließlich der Kreisbewegung, die sie scheinbar willenlos vollführen als würden sie durch die Schwerkraft eines winzigen schwarzweißen Planeten in dessen Umlaufbahn gebannt. Die fantastisch geglückte Aufnahme funktioniert allerdings in erster Linie als magischer Moment so wie auch Albertis Bewegungsdefinition lediglich für die Momentaufnahme taugt, weil der Faktor Zeit in ihr nicht berücksichtigt ist. Den Ablauf eines Spiels vermag weder der Schnappschuss noch ein im Sinne Albertis konstruiertes Bild wiederzugeben. Die dem Fußballspiel innewohnende Dynamik macht das Foto Bimmers dagegen sehr wohl deutlich. Koordinierte Bewegung und unfallartige Energieentladung haben hier ihren Schnittpunkt gefunden. Solche und ähnliche Schnappschüsse gehören einer Bildgattung an, die uns als Illustration der Sportberichterstattung begegnet und offenbar selten eingesetzt wird, um eine konkrete Spielsituation wiederzugeben. Vielmehr drückt sie Kraft und Tempo aus, oder andere Eigenschaften und Emotionen, die mit dem Fußballspiel generell verbunden werden: Freude, Trauer, Schmerz oder Übermut.

Der britische Fotograf Paul Smith hat diese unterschiedlichen Bildtypen in einer Serie mit dem Popstar Robbie Williams genussvoll persifliert. In der imaginierten Begegnung zweier Mannschaften werden die kämpfenden, jubelnden oder pöbelnden Spieler, die Fans, Ordnungskräfte und Sanitäter bis hin zur Barfrau einer alkoholisierten Siegesfeier sämtlich von Williams verkörpert. Smith wird dabei sowohl den oben erwähnten Bildtypen gerecht, wie dem verwandlungssüchtigen Ego seines Models. Wenn Robbie Williams etwa in einer der Aufnahmen neben einem Schild mit der Aufschrift „Entrance" stehend, begleitet von einer obszönen Geste sein Hinterteil entblößt, wird er geradezu zur Verkörperung unbekümmerten Proletariertums. Der Fotograf spielt mehr amüsiert als süffisant mit dem Klischee einer Fußball-Fangemeinde, die vollendet bürgerlichen Schreckensvisionen entspricht. Voraussetzung für eine solche Karikatur des Fußballs ist die traditionelle und hartnäckige Verortung des Spiels im sozialen Umfeld der männlichen Arbeiterklasse.

Obwohl der moderne Fußball seine Regeln den elitären englischen Privatschulen verdankt, besonders jenen von Eton und Harrow, ist er bereits im 19. Jahrhundert als Sport der unteren Bevölkerungsschichten angesehen worden.

1 Fabian Bimmer, Szenenfoto der Begegnung Brasilien – Japan: Confederations-Cup 2005; Foto AP

Grundsätzlich mag das mit dem leichten Zugang zu dem Spiel zusammenhängen, der auch mittellosen Interessierten offen steht. Ein gegebenenfalls selbst gebastelter Ball ist alles, was man zum Fußballspielen braucht. Der im Mittelalter liegende Ursprung des Spiels dürfte bei seiner Auslegung als Sport der einfachen Leute ebenfalls noch nachwirken. Die frühen Formen des Fußballs waren Volksbelustigungen mit wenigen Regeln, die oft spontan und gelegentlich recht rabiat durchgeführt wurden.

Auch das explizit männliche Umfeld des Spiels hat einige seiner Darstellungstraditionen nachhaltig geprägt.

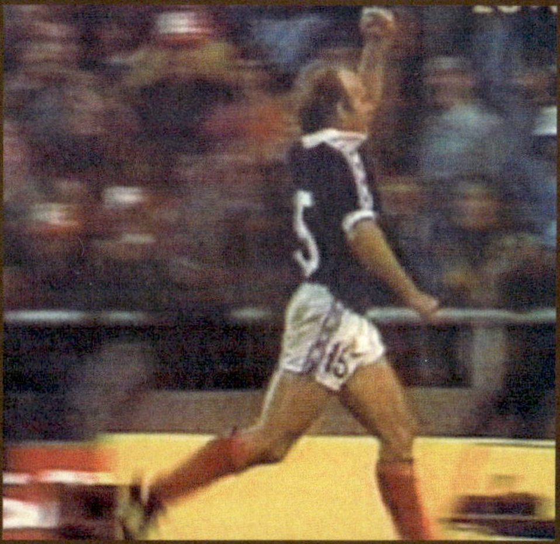

Nur vor diesem Hintergrund ist die Aufmerksamkeit zu verstehen, die dem verspielten Auftreten des englischen Fußballstars David Beckham zuteil wird. Seine treuherzige Bemerkung, dass er gelegentlich gern die Unterwäsche seiner Frau trage, dürfte nicht nur überraschend für manchen Fußballfan gewesen sein, sondern sie widerspricht explizit - und offenbar sorgfältig kalkuliert - dem harten, ebenso gepflegten Image des Fußballers. Dabei wird der Ausdruck von Emotionen im Spiel nicht nur toleriert, sondern offenbar auch gern im Bild festgehalten. Häufig sind dies Gesten der Freude und des Triumphes, wie in einem Foto, das den schottischen Nationalspieler Archie Gemmill nach einem Tor zeigt. Trotz der Unschärfe der Aufnahme wird die Körperspannung zwischen dem hochgereckten Arm mit geballter Faust und dem nach unten geführten Arm deutlich. Für das Projekt „The Archie Gemmill Goal" hat der Choreograf und Tänzer Andy Howitt diese und andere Gesten des Fußballs in tänzerische Bewegungen umgesetzt. Auf diese Weise sollte die Poesie sportlicher Bewegungsabläufe zum Ausdruck gebracht werden. In seiner Serie mit Robbie Williams bedient sich auch Paul Smith dieser Triumphgeste. Die Wiederkehr solcher einander ähnelnder Motive verdeutlicht, dass wir es zum einen mit einer spezifischen, gestischen Sprache des Fußballspiels zu tun haben und zum anderen mit stereotypen Bildmustern. Eine von Smith montierte Karambolage-Szene lehnt sich an einen Bildtyp an, zu dem auch der Schnappschuss von Fabian Bimmer zählt. Die bewusst eingesetzte partienweise Unschärfe verleiht der Montage die gleiche Dynamik und Authentizität, wie sie dem Schnappschuss Bimmers oder anderen Illustrationsbeispielen der Sportberichterstattung eigen ist.

Da diese neben ihrer Ausschnitthaftigkeit auch eine erzählerische Qualität besitzen, rufen sie zugleich eine Vorstellung vom Spielverlauf hervor, der lebendiger und begeisternder sein kann, als die eins zu eins Übertragung einer ganzen Fußballpartie.
Den genau umgekehrten Weg geht die Künstlerin Susken Rosenthal mit ihren Fußballzeichnungen. Auch Rosenthal geht von einer ästhetischen Beschaffenheit des Spiels aus, beschränkt sich jedoch nicht auf einen Ausschnitt. Während der Weltmeisterschaft von 1986 setzte sie die Ballbewegungen verschiedener Partien in grafische Linien um, die sie dem farblich verfremdeten Spielfeld einschrieb (Abb. S. 88-89). Das dadurch entstandene Netz aus Linien kann durchaus auch spielanalytisch verstanden werden. Die Konzentration in bestimmten Bereichen des Spielfeldes lässt jedenfalls Rückschlüsse auf die dominierende Mannschaft zu. Anhand der Linien, die sich bis in die Tore verfolgen lassen, kann sogar der Ausgang des Spiels nachvollzogen werden. Darüber hinaus hinterlässt die Minimalisierung von komplexen Bewegungsabläufen nicht nur einen künstlerischen Eindruck, sondern stellt zugleich die Lösung des Zeitproblems dar. Der Ablauf des vollständigen Spiels ist ins unbewegte Bild gebannt und zugleich seine Dynamik und Energie im unruhigen Duktus der Linien zum Ausdruck gebracht.

1 Szenenfoto der Partie Schottland gegen Holland; Weltmeisterschaft 1978 ©FIFA

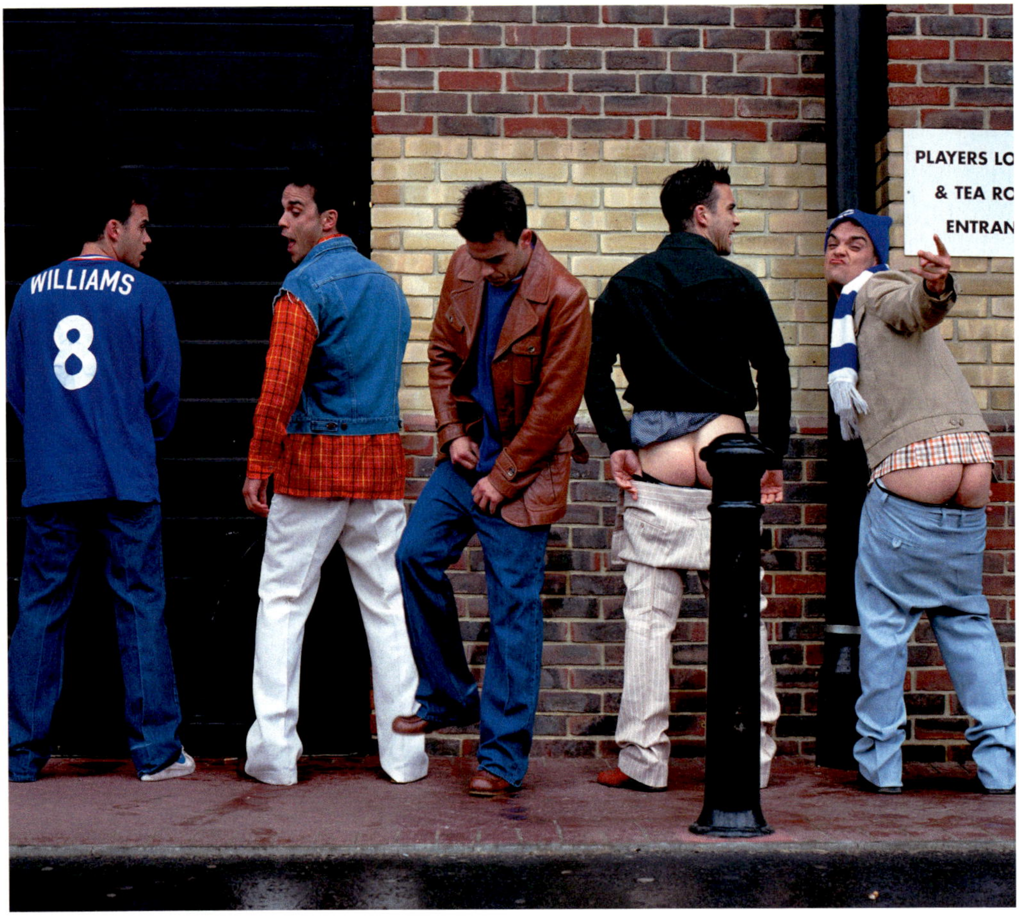

1 Paul M. Smith:
Robbie Williams Series, 2000;
Fotografie, c-print

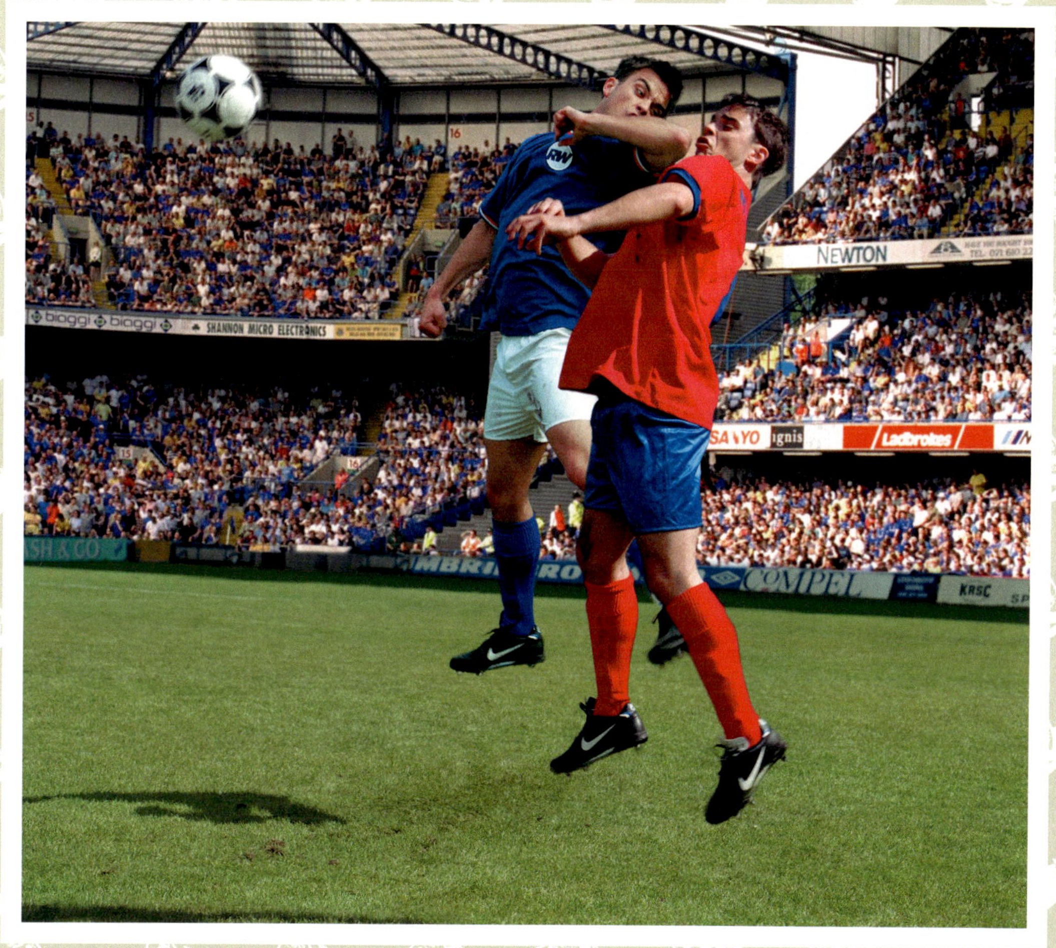
NEWTON
bioggi bioggi
SHANNON MICRO ELECTRONICS
ignis
Ladbrokes
COMPEL
KRSC

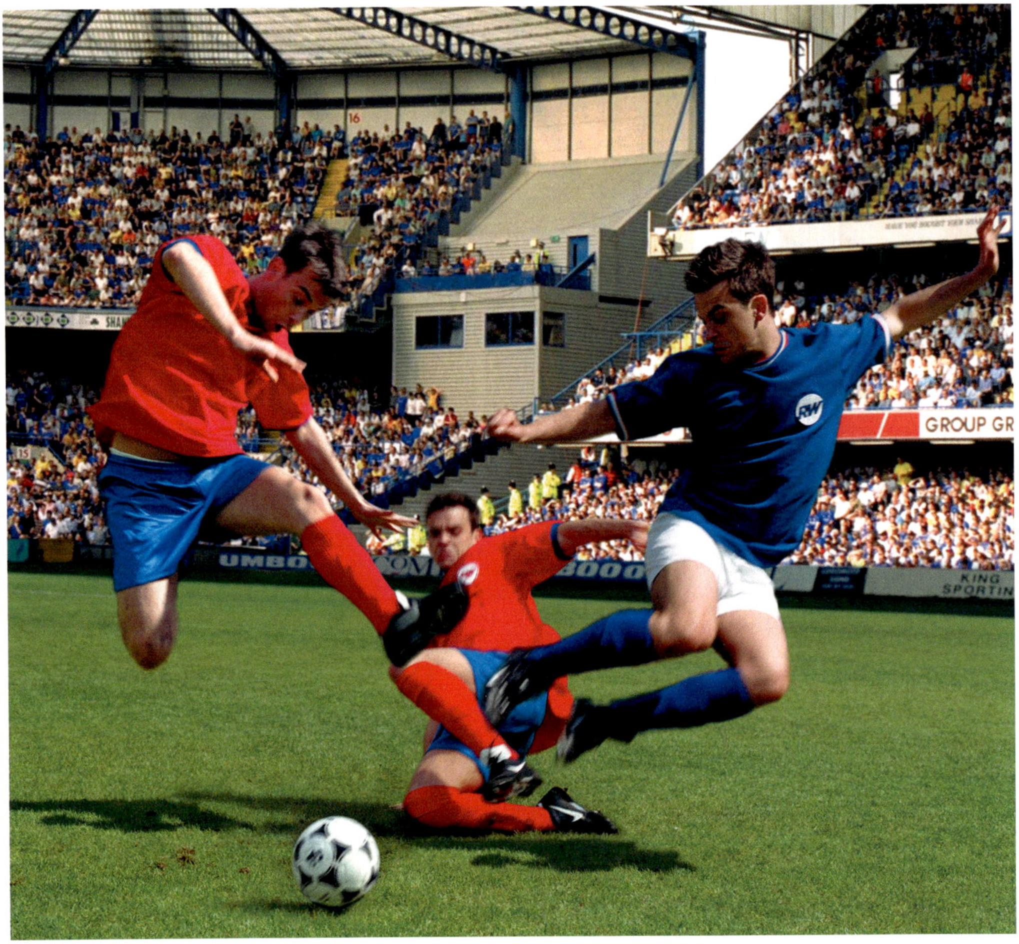

1

Paul M. Smith;
Robbie Williams Series; 2000;
Fotografie, c-print

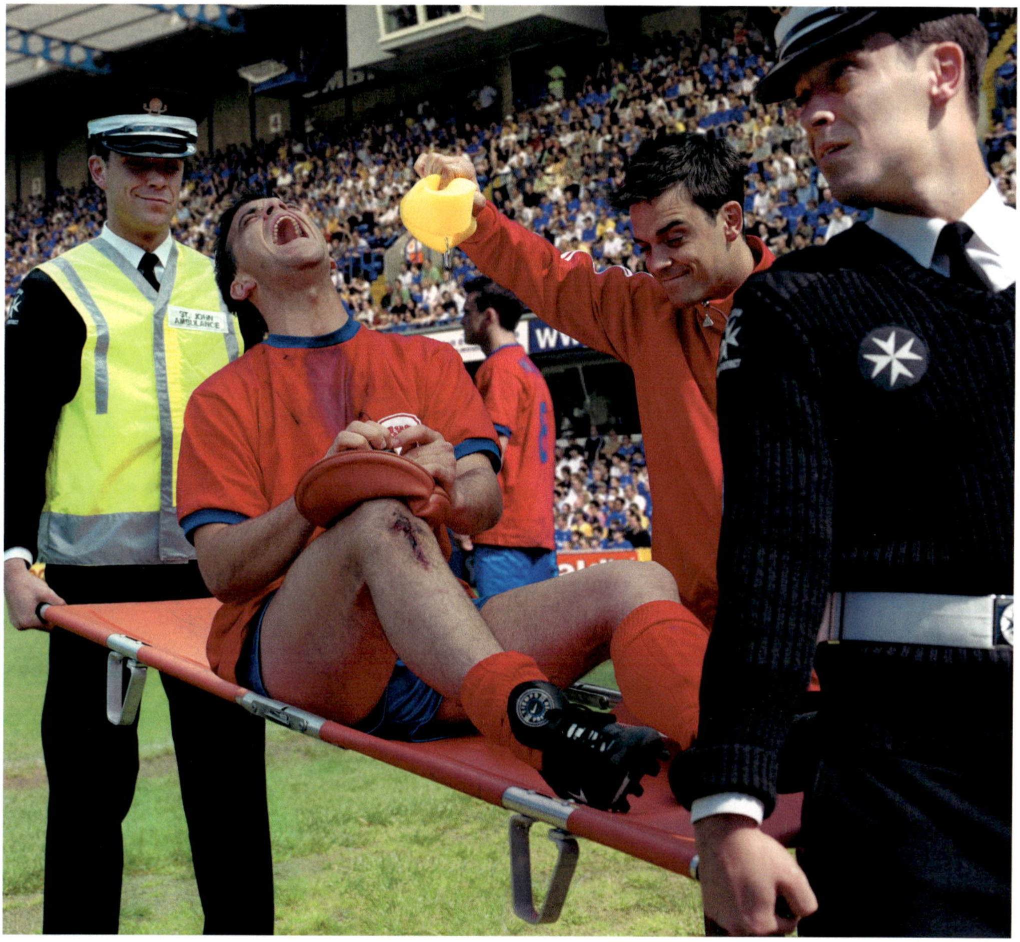
ST. JOHN AMBULANCE

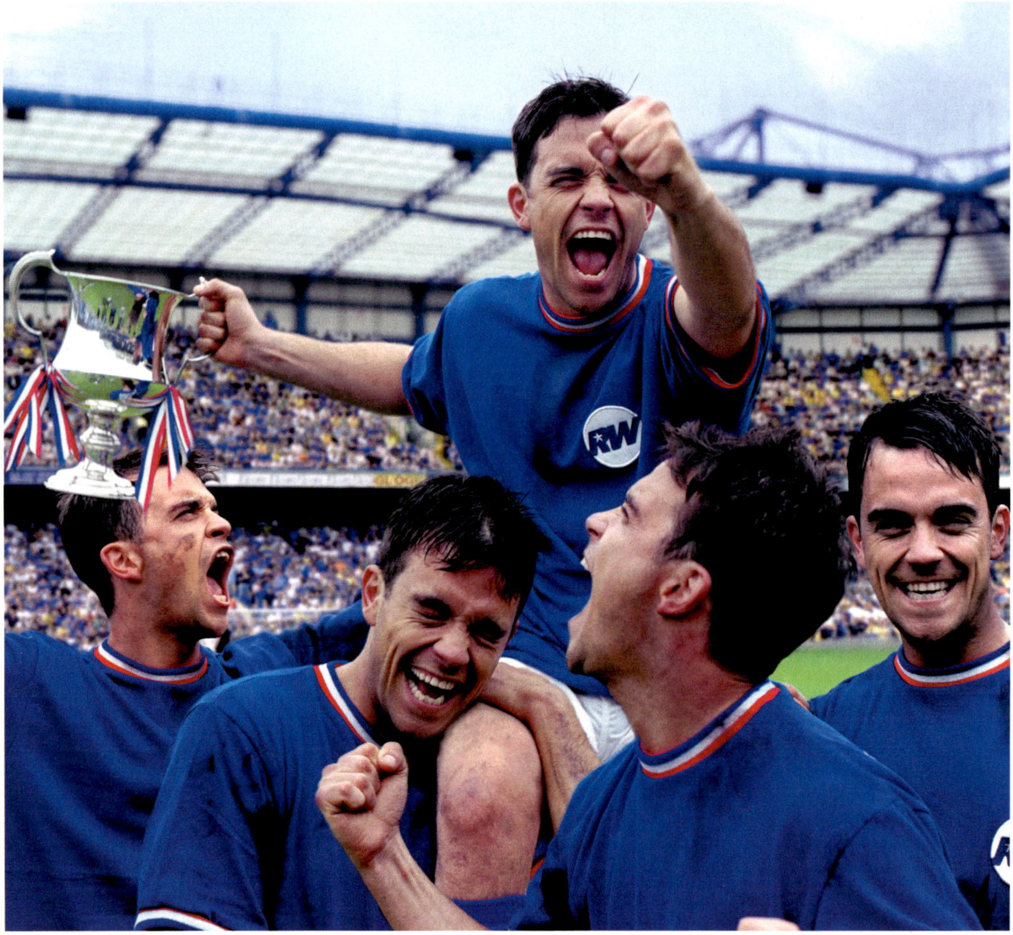

1

Paul M. Smith:
Robbie Williams Series; 2000;
Fotografie. c-print

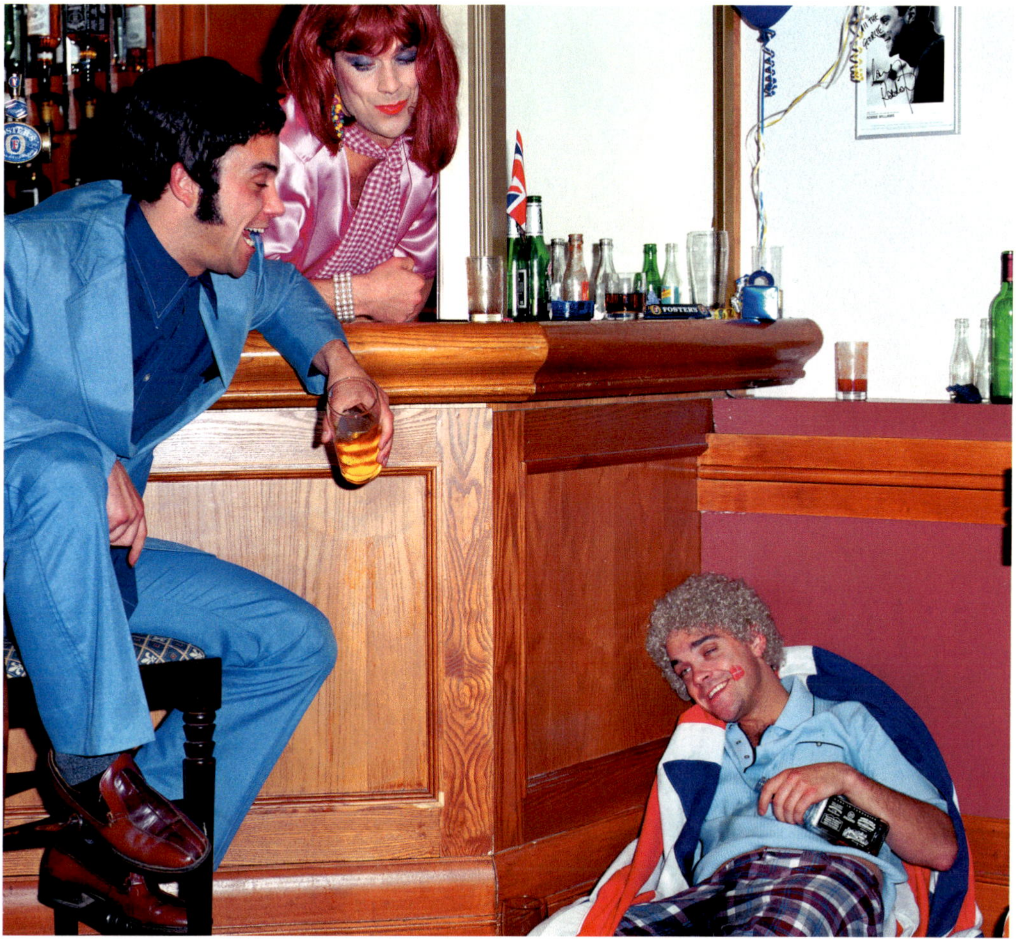

The Archie Gemmill Goal

Alec Finlay ließ für dieses Projekt zu dem berühmten schottischen Tor durch Archie Gemmill während der WM 1974 eine Tanzchoreografie nach Laban schreiben und dokumentierte fotografisch, wie zwei ausgebildete Tänzer ihre Interpretation dieses Tores tanzen. Kathi Palitz auf der Bühne und anschließend eine Mann Andy Howitt im Stadion und im Fotostudio. Die gesamte Dokumentation der Arbeit veröffentlichte Alec Finlay 2002 in der Pocketbook-Edition unter dem Namen Labanotation – The Archie Gemmill Goal.

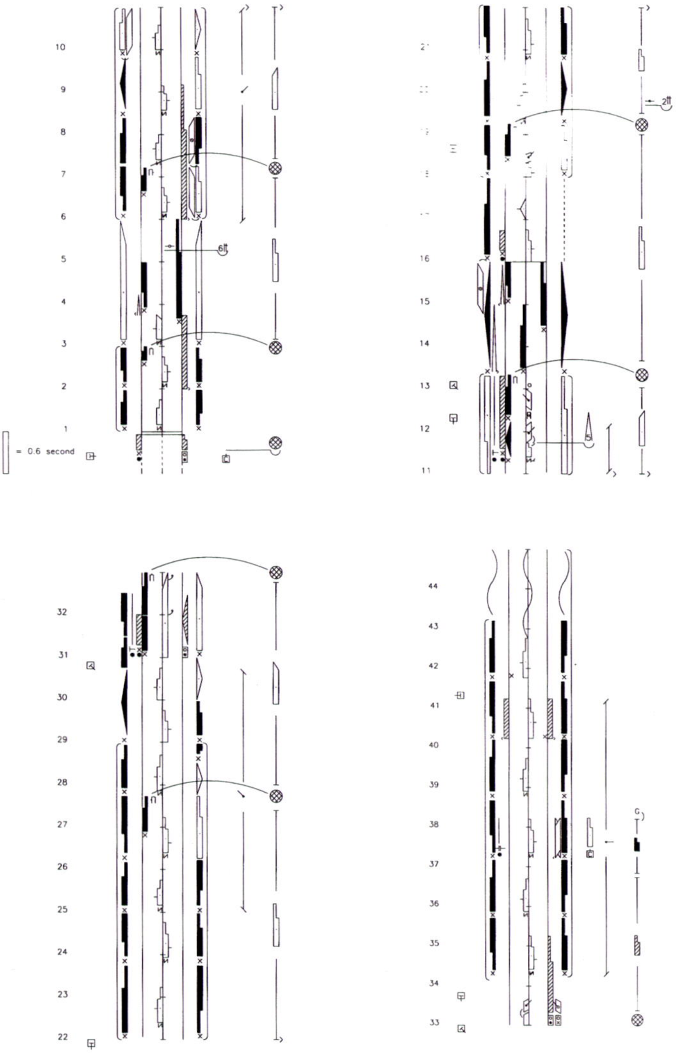

GLOSSARY:

⊗ = Ball
G = Goal
S = Spectators
6ǁ = Right leg of player 6
2ǁ = Legs of player 2
Å5 = Avoids player 5

1 Alec Finlay; Performance
Labanotation: The Archie Gemmill Goal, 2002.
Foto: Robin Gillanders

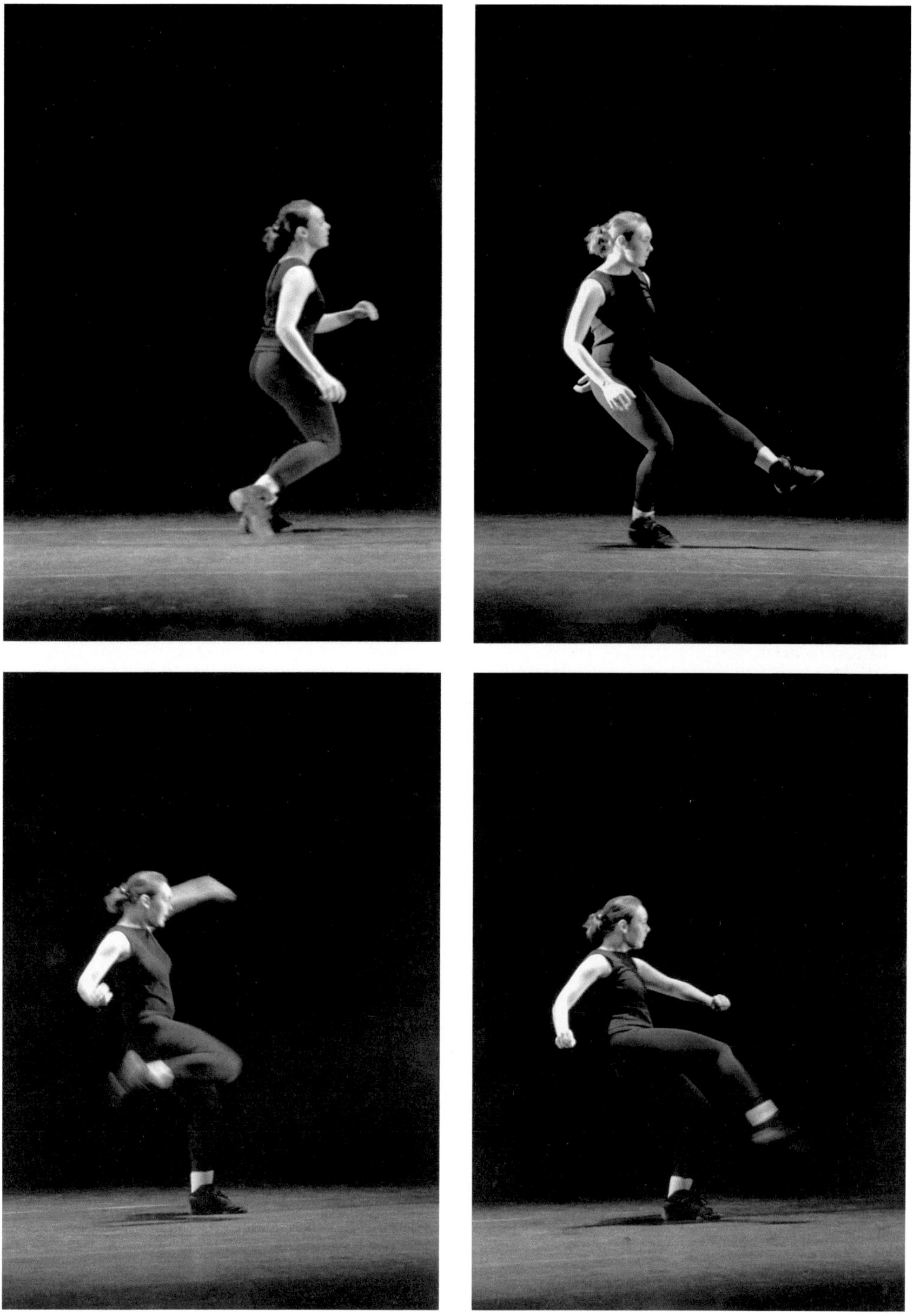

Alec Finlay: Performance
Labanotation: The Archie Gemmill Goal, 2002,
Foto: Robin Gillanders

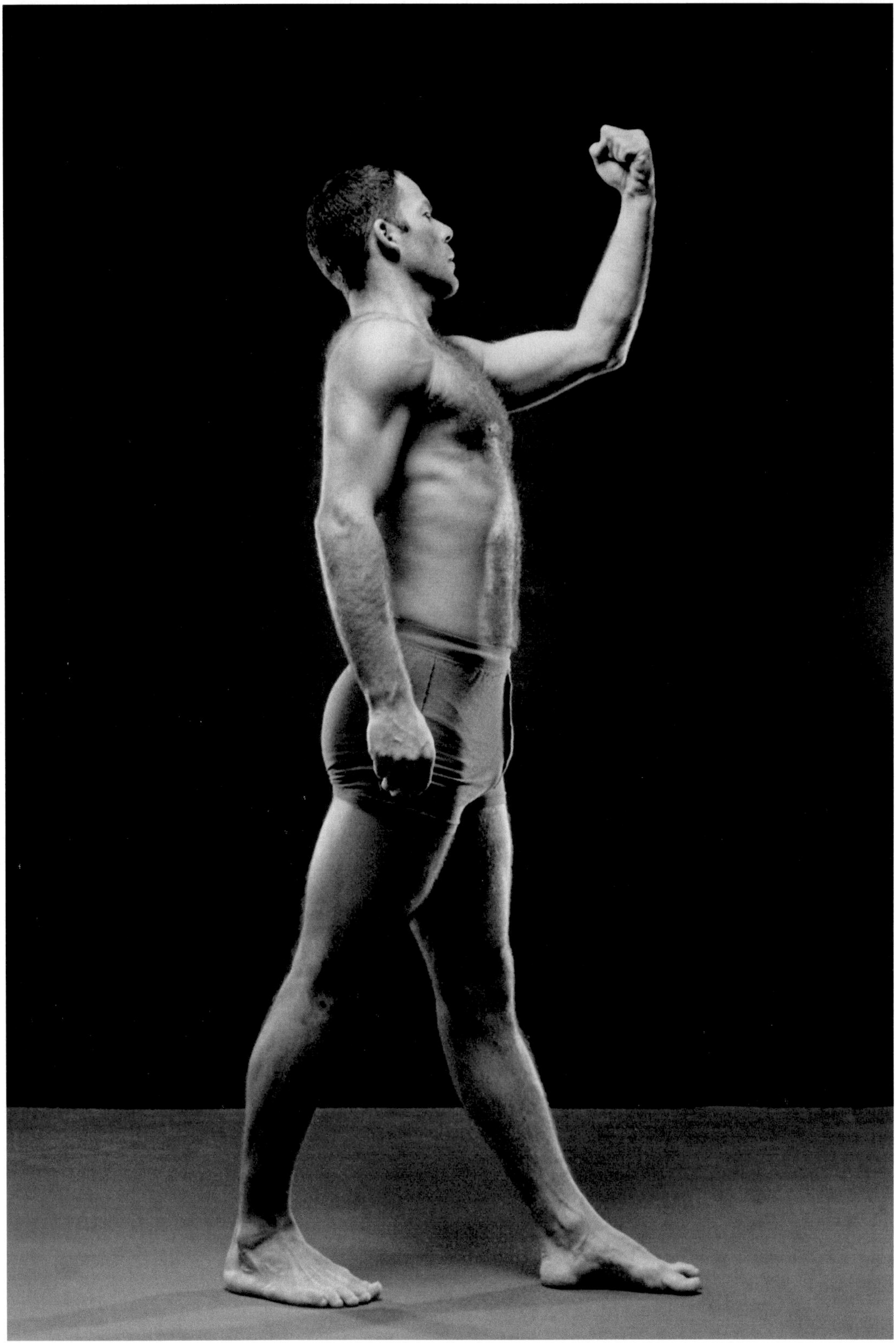

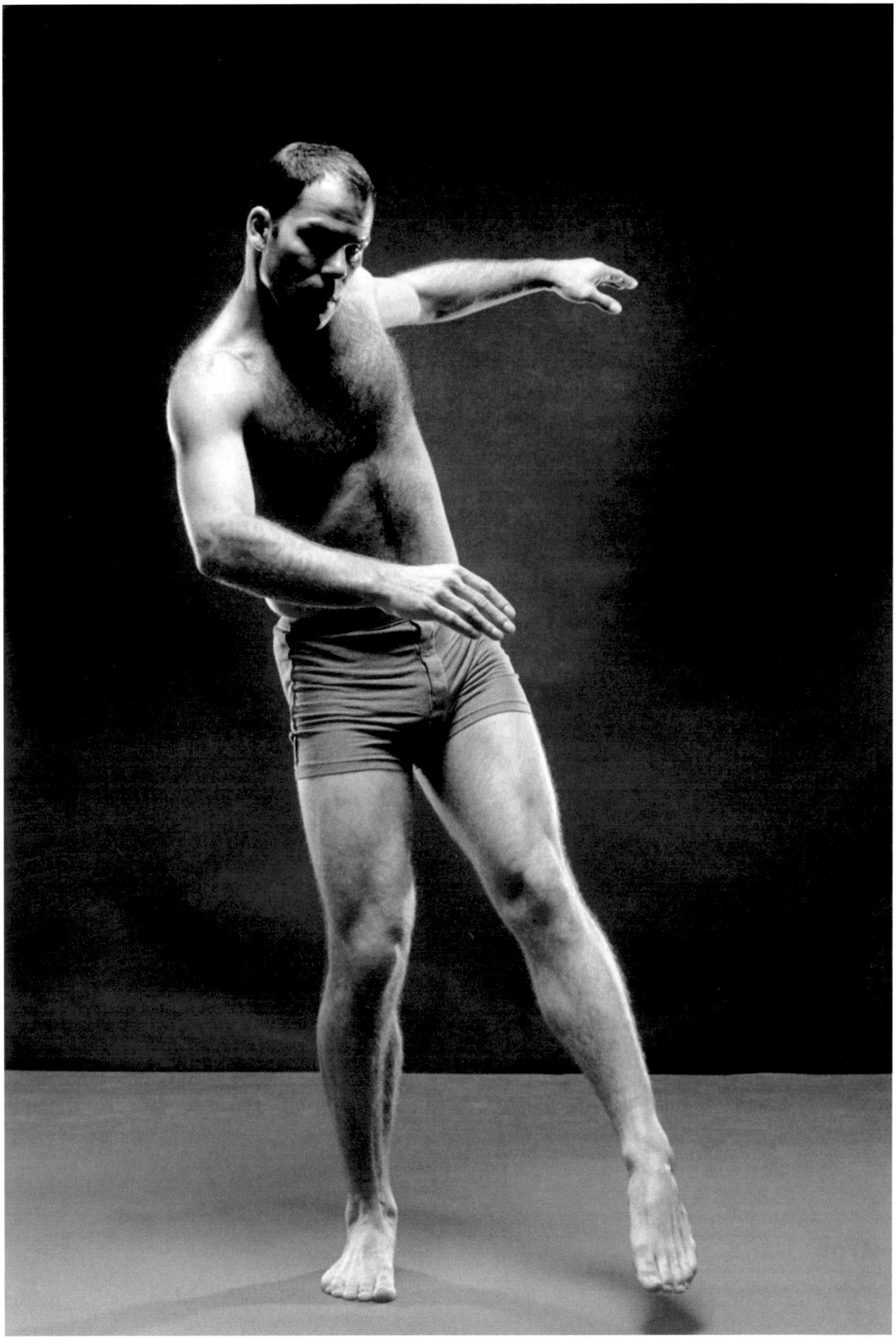

1 Alec Finlay; Performance
Labanotation: The Archie Gemmill Goal, 2002,
Foto: Robin Gillanders

Fußballzeichnungen

Die seit 1982 entstandenen Fußballzeichnungen zeigen die Bewegungen des Balls im Verlauf eines Fußballspiels. Jede Grafik ist ein individuelles „Porträt“ eines konkreten Spiels. Wie eine Seismografie sind die Ballbewegungen simultan zum Spielverlauf mitgezeichnet. Einzelne Spielzüge, Ecken und Tore sind nachvollziehbar. Auch die Spielstrategie und Kräfteverhältnisse der Mannschaften sind ablesbar. Dennoch bleiben die seriellen Zeichnungen bewusst künstlerisch-abstrakt. Es entstehen ästhetische Liniennetze gleicher Ausdehnung mit unterschiedlichen Verdichtungen an Stellen vermehrter Bewegungsenergie, die dem sehr strengen Konzept von Zeit (90 Minuten) und Form (Spielfeld) unterworfen sind.

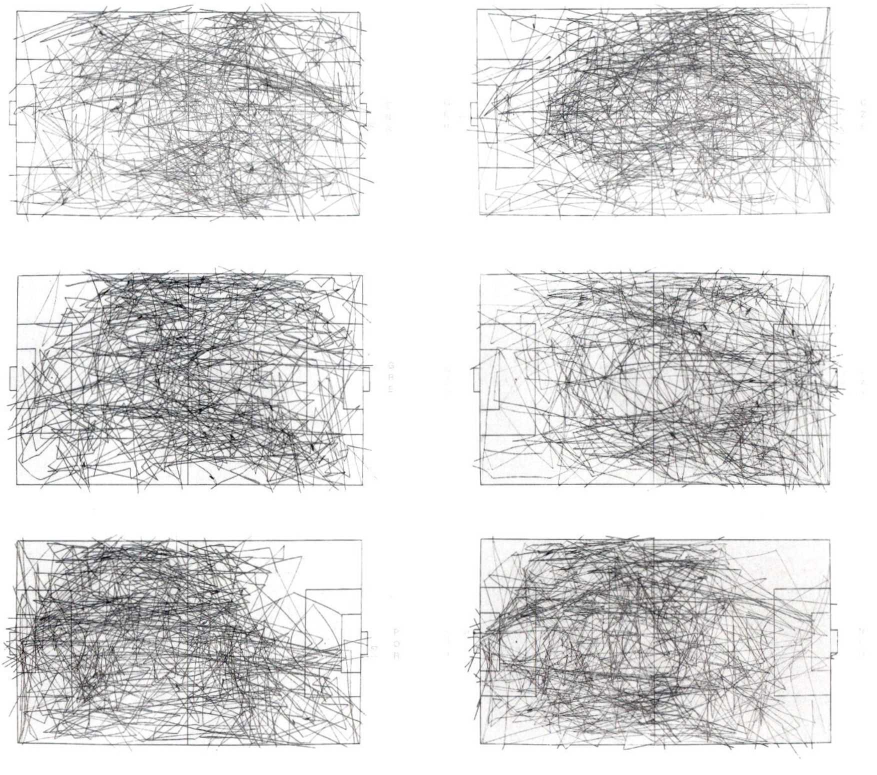

1 Susken Rosenthal; *Fußballzeichnungen* EM 2004

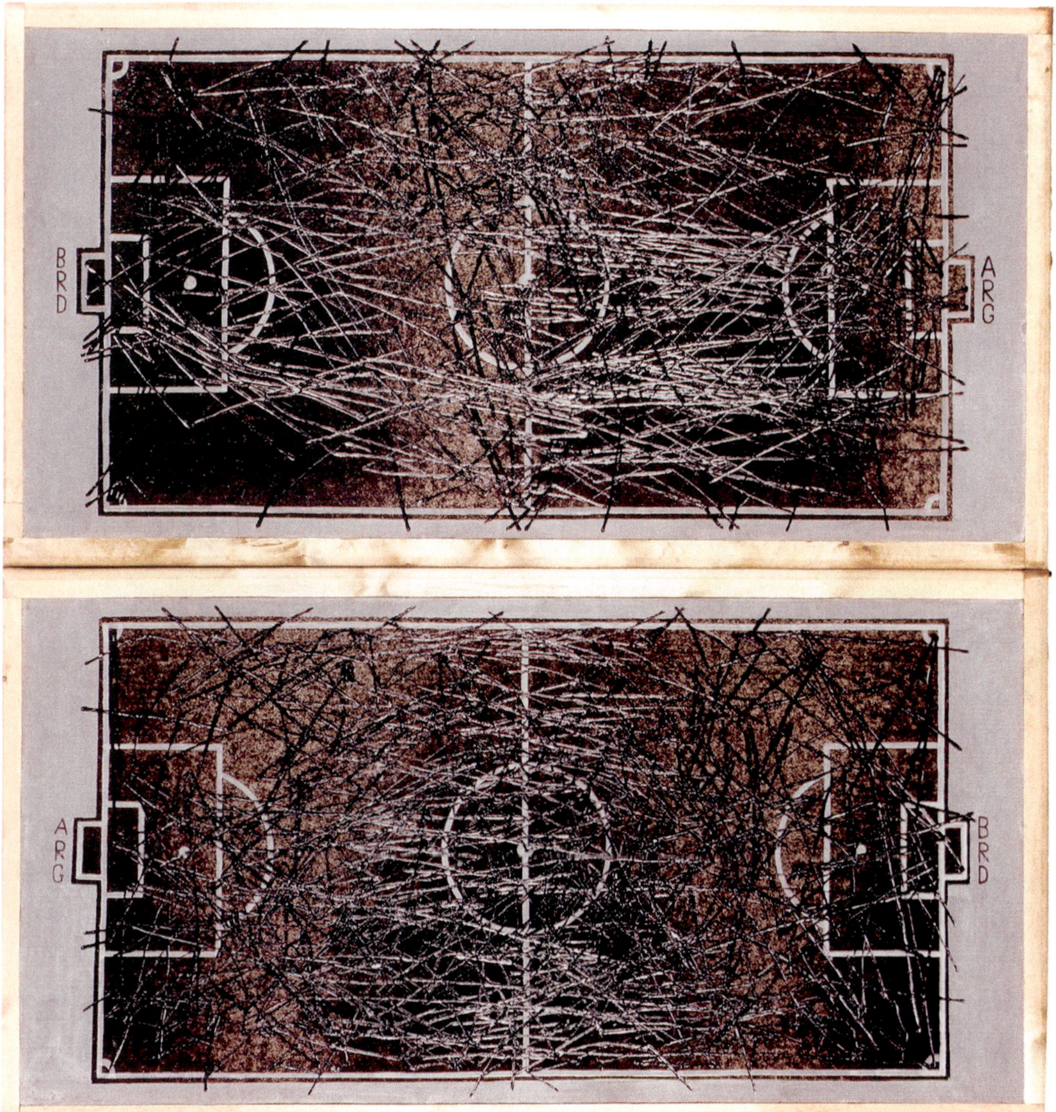

1 Susken Rosenthal: *Fußballzeichnungen* WM 1986

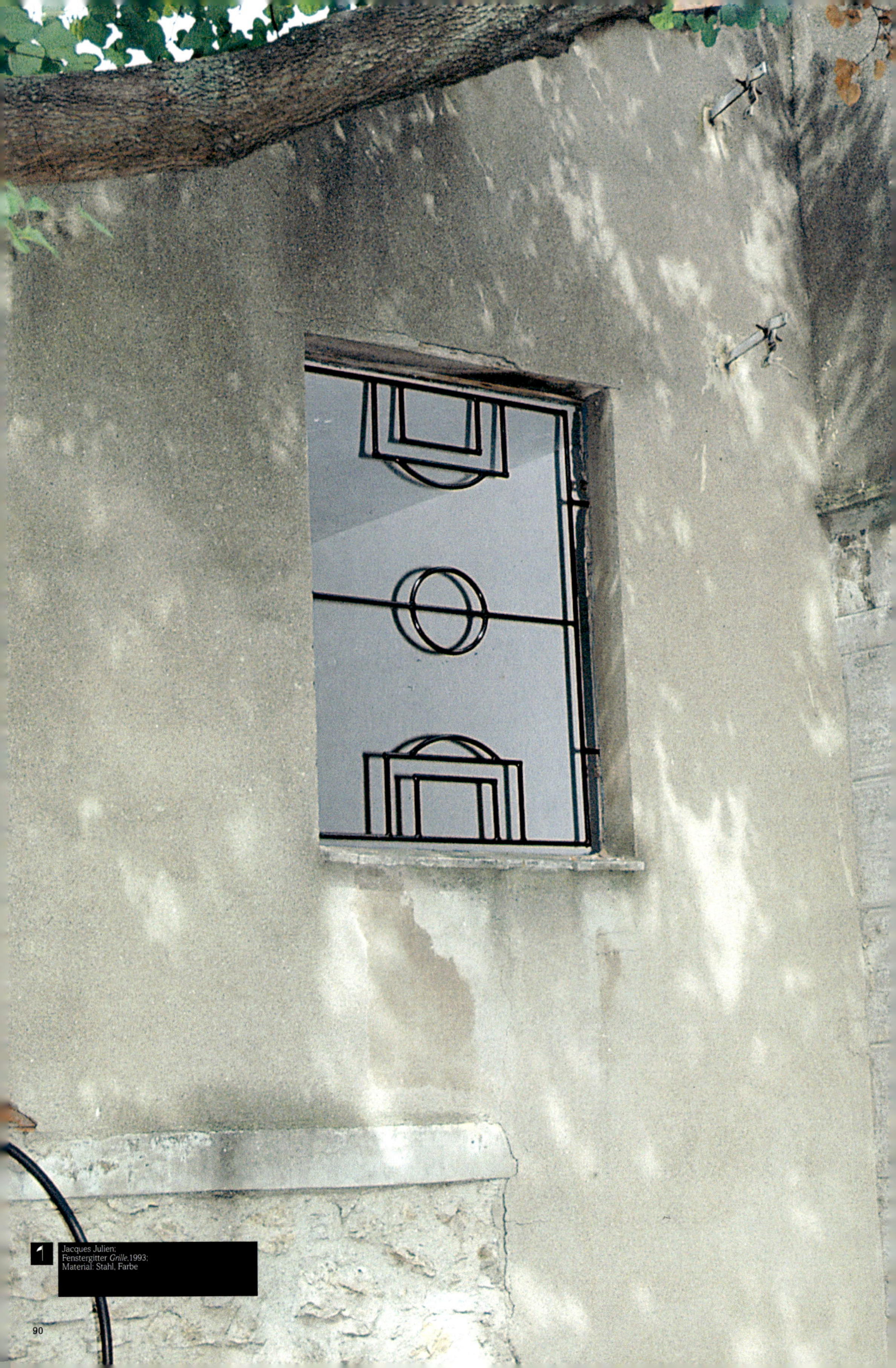

1 Jacques Julien:
Fenstergitter *Grille*,1993;
Material: Stahl, Farbe

Topografie

„Ballbewegungen schreiben sich dem Spielfeld ein (...) – analog zur Prägung in der Gefühlswelt der Zuschauer entsteht eine Landschaft zur emotionalen Besiedlung". Während der Finalrunde der schweizer Meisterschaft 2001/2002 hielt Christian Theiler alle Spiele der NLA Clubs FC Zürich und Grashoppers zeichnerisch fest, indem er die jeweilige Position des Balles zweidimensional verfolgte. Die entstandenen Skizzen wurden in eine dreidimensionale Topografie umgerechnet, welche einmal exemplarisch aus Foamboard als Modell angefertigt wurde. Die Parallele zu einer „Landschaftsidylle" wird vom Künstler bewusst betont, indem er die meist bespielten Regionen des Spielfeldes als Erhöhungen aufweist.

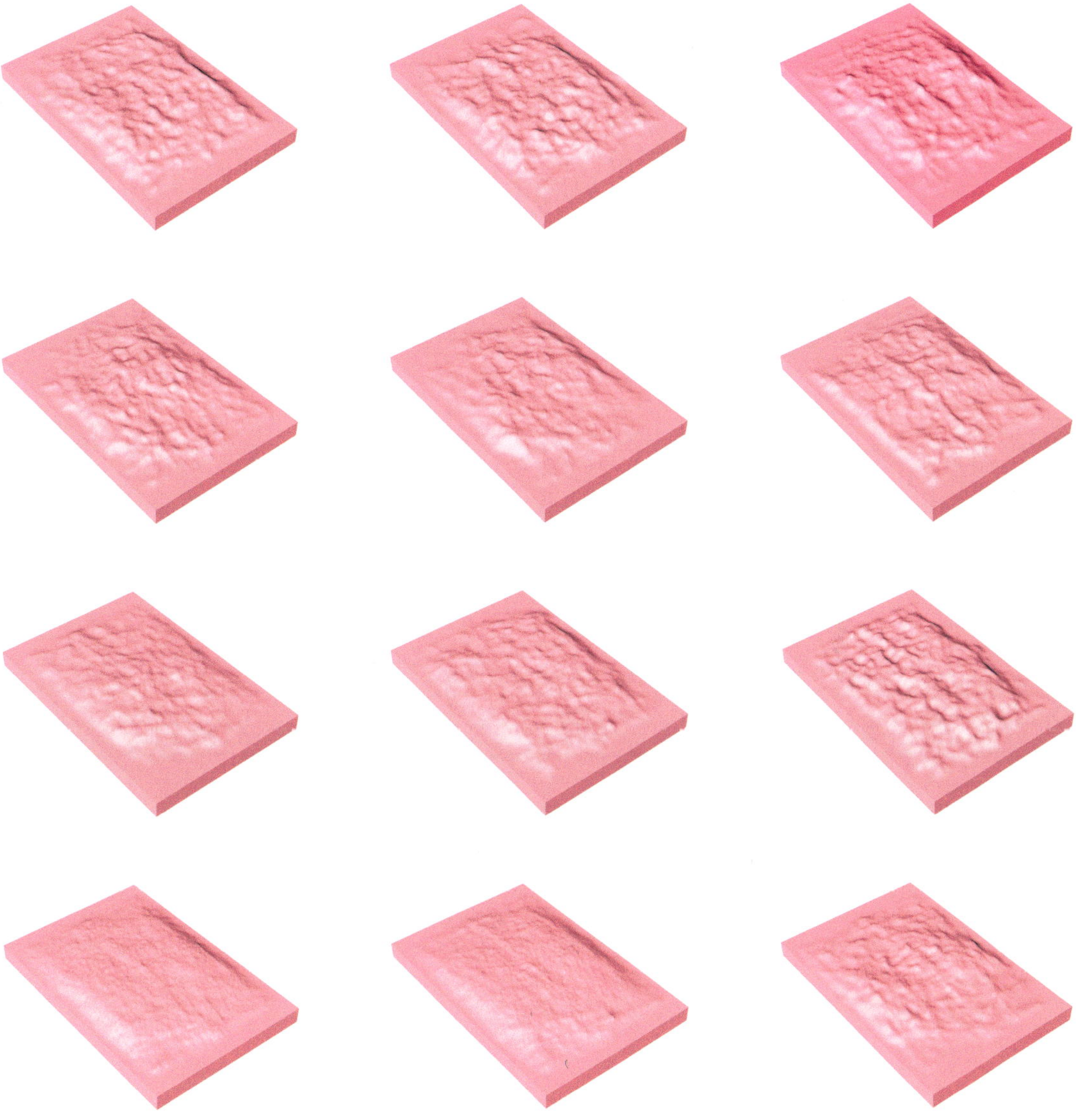

1 Christian Theiler:
Stills aus der Animation zu *Topografie*, 2002;
www.teppichetage.ch

FUSSIdeluxe – Design in einer Parallelwelt

Philipp Niggemeyer

„Madrid oder Mailand. Hauptsache Italien". Spätestens seit uns Andi Möller sein Weltbild erklärte, wissen wir: Wo der Fußball zu Hause ist, da gelten eigene Gesetze. Da bestimmt das Leder die Logik. Da ticken die Herzen anders. In dieser wundersamen und zugleich vertrauten Welt bewegt sich dan pearlman mit FUSSIdeluxe.

Die Agentur verknüpft alltägliche Gegenstände mit Emotionen aus dem Volkssportuniversum und verleiht so dem Vertrauten eine neue Qualität. Die ordinäre Bierkiste etwa kann ihr Glück kaum fassen. Lange Zeit ließ man sie unbeachtet, interessierte sich nur für ihren Inhalt und dessen Wirkung. Jetzt ist sie ein SoccerHocker, ein kunstgrasbewachsener Sitzplatz mit Getränkereservoir und damit über das Wohnzimmer hinaus beliebt. Ähnlich erging es dem Lack-Tisch eines schwedischen Möbelhauses. Zwei Kicker-Stangen machten ihn vom Millionen-Klon zum einmaligen CoffeeCup, der spielerisch das Trinkverhalten des gemeinen Fußballfans ad absurdum führt. Auf diese Weise holte FUSSIdeluxe auch andere gewöhnliche Objekte raus aus dem Schatten – rein ins Flutlicht. Und man fragt sich: Wie ist das möglich? Wie wird die eigentümliche Welt des Fußballs zu einer so unerschöpflichen Quelle für emotionale Inhalte?
Schau' ma mal.
Fußball, so Klaus Theweleit in „Tor zur Welt. Fußball als Realitätsmodell", sei kein Spiel, sondern eine Parallelwelt voll eigener Zeichen, Werte und Symbole. Auf solche Parallelwelten trifft man sonst in Büchern oder Filmen, wo durch sie die Welt in einer anderen Form gedacht wird. Beispiel für groß und klein ist „Alice im Wunderland": Hier taucht die Heldin in eine ähnlich eigenwillige Welt ein. Sie durchlebt verschobene Situationen, trifft dabei auf seltsam originelle Figuren. Und doch kommt ihr alles irgendwie bekannt vor. Die Eindrücke ihres „Trips" wiederum prägen ihre Realität auf der anderen Seite. Beim Fußball ist es genau so. Im Spiel meint man kontinuierlich auf Spuren des „richtigen Lebens" zu stoßen, während man zugleich das „richtige Leben" mit fußballerischer Logik zu erklären versucht. Dieses Wechselspiel ist kennzeichnend für Parallelwelten. Wie „Alices Wunderland" ist auch die Fußballwelt keine alternative Realität. Sie findet simultan statt, hat einen Bezug zum Leben außerhalb der Stadien und: Sie macht unser Bewusstsein um einen gedanklichen Kosmos reicher.
Der Titel „Design in einer Parallelwelt" beschreibt zunächst den Prozess der Entstehung von FUSSIdeluxe. Als Agentur für Markenarchitektur schafft dan pearlman naturgemäß keine Fußball-, sondern Markenwelten. Doch der Bezug liegt auf der Hand: Wie der Volkssport erzeugen auch Marken bzw. Markenprodukte kollektive Erlebnisse. Sie liefern durch Wahrnehmung und Gebrauch eine Fülle an Assoziationen und Begriffen. In einem historischen, teils strategisch geplanten, teils eigendynamischen Verlauf entstehen Markenidentität und Markenidentifikation. Der erste Begriff beschreibt ein bestimmtes Wesen, der zweite die Verbundenheit mit einer sozialen Gemeinschaft. Beides ist auch in der Welt des Fußballs elementar, betrachtet man das Beziehungsgeflecht zwischen Fans, Vereinen, Mannschaften, Spielern, Sponsoren, Medien und dem Sport allgemein.

Die Parallelität von Volkssport und Marke ist klar definiert:
Ohne Identität gäbe es keine Bedeutung, ohne Identifikation keine Begeisterung.
Die Stärke von dan pearlman besteht darin, Identität zu ergründen, um daraus ein emotionales Raumkonzept zu entwickeln, das Menschen in Kontakt mit der Marke bringt. Bei FUSSIdeluxe ging es aber bekanntlich nicht um Marken. Im Mittelpunkt standen die Identität des Fußballs, die Identifikation mit dem Sport und seinen Akteuren sowie grundsätzlich die Freude am freien Spiel mit den Ideen. Und alle waren dabei. Ob sie wollten oder nicht. Sprache und Vielfalt des Designs resultieren in besonderer Weise aus der Heterogenität seiner Schöpferinnen und Schöpfer. An der alles andere als männerdominierten Ideenfindung waren sämtliche Fachbereiche beteiligt. Und überhaupt changierte die Verbundenheit mit dem Sport zwischen leidenschaftlich und ablehnend.

In dem Sinne steht die Schöpfung von FUSSIdeluxe in der Agentur dan pearlman exemplarisch für die zunehmende Unmöglichkeit, sich der Parallelwelt Fußball zu entziehen. Selbst eingefleischte Antifans, Fußball-Atheisten und chronisch Desinteressierte werden zu einem Teil von ihr. Ob sie wollen oder nicht. Meistens aber wollen sie.

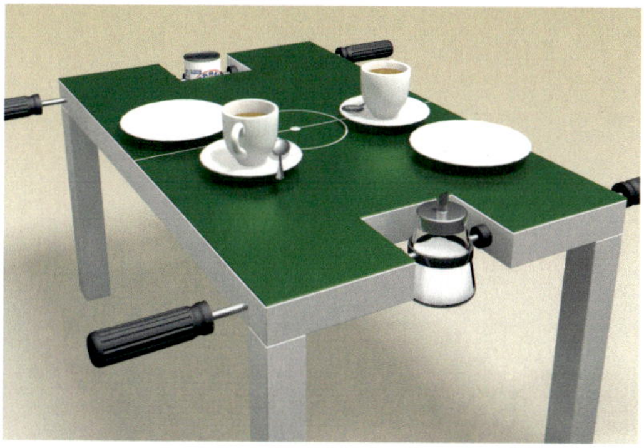

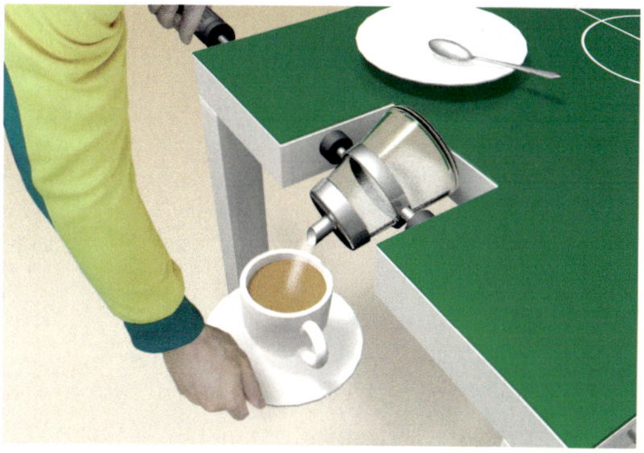

Gerade während fußballerischer Großereignisse lässt sich dieses Phänomen hervorragend beobachten. Das Fieber erfasst alle. Weniger der Sport als vielmehr das gesellschaftliche „Happening“ zieht die Menschen vor die Großbildschirme und Leinwände, deren Zahl hyperinflationär wächst. Die Nicht-Übertragung wichtiger Spiele wird für Gastronomen zum unternehmerischen Risiko. In allen Lebensbereichen dominiert nur ein einziges Thema. Da kann man getrost das „Parallel“ für ein paar Wochen aus dem Wort streichen. Fußball wird die „Welt“. Und hier kommt FUSSIdeluxe.

Wenn es keinen klassischen autonomen Fußballkosmos gibt, so dachte sich dan pearlman, dann ist es auch mit klassischen Fanartikeln nicht getan. Wir brauchen neue Produkte abseits des Klischees. Als Sport wie als gesellschaftliches Phänomen liefert der Fußball eine Fülle an Inhalten. Wir müssen ihnen „nur“ eine Gestalt geben. Unser wichtigstes Werkzeug: Die Ironie.

Denn wie der Fußball ist auch seine Behandlung als „eigene Welt“ nicht mehr und nicht weniger als ein Spiel.

Dementsprechend ernst sollte man beides nehmen. FUSSIdeluxe betrachtet den Volkssport wie er ist in seinen Eigentümlichkeiten, die ihn so allgemein liebenswert machen. Das Design von FUSSIdeluxe erzählt Geschichten, die diese Eigentümlichkeiten berühren. Zusammen mit Name, Text und „Piktogramm-Comic“ bildet jedes Objekt einen inhaltlichen Komplex, der einen bestimmten fußballweltlichen Sachverhalt thematisiert: Zum Beispiel „Die Stille der Sommerpause“ (BundesLiege), „Der besetzte Kicker“ (Bierdeckelspiel Stick&Kick), „Die ehrgeizigen Eltern der vermeintlichen Zukunftshoffnung“ (Babyteppich PlayGround) oder „Die Sitzplatznot in der heimischen Arena“ (SoccerHocker).

1 dan pearlman; Kaffeetisch *CoffeeCup*, 2004; Material: Tisch mit Kickerstangen, Zuckerstreuer und Dosenmilch

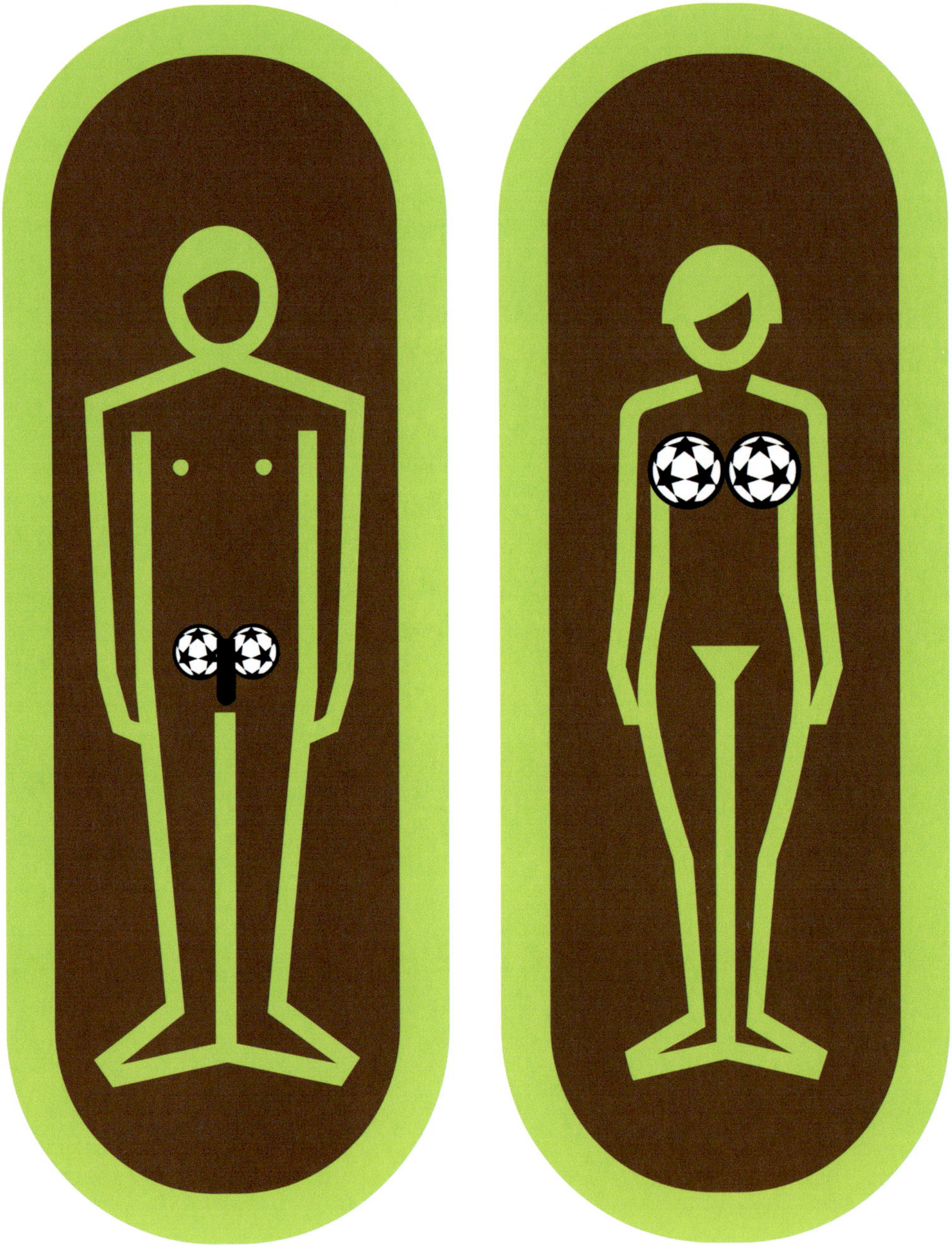

1 dan pearlman; *Stilles Törchen;* 2004
Aufkleber für WC-Tür

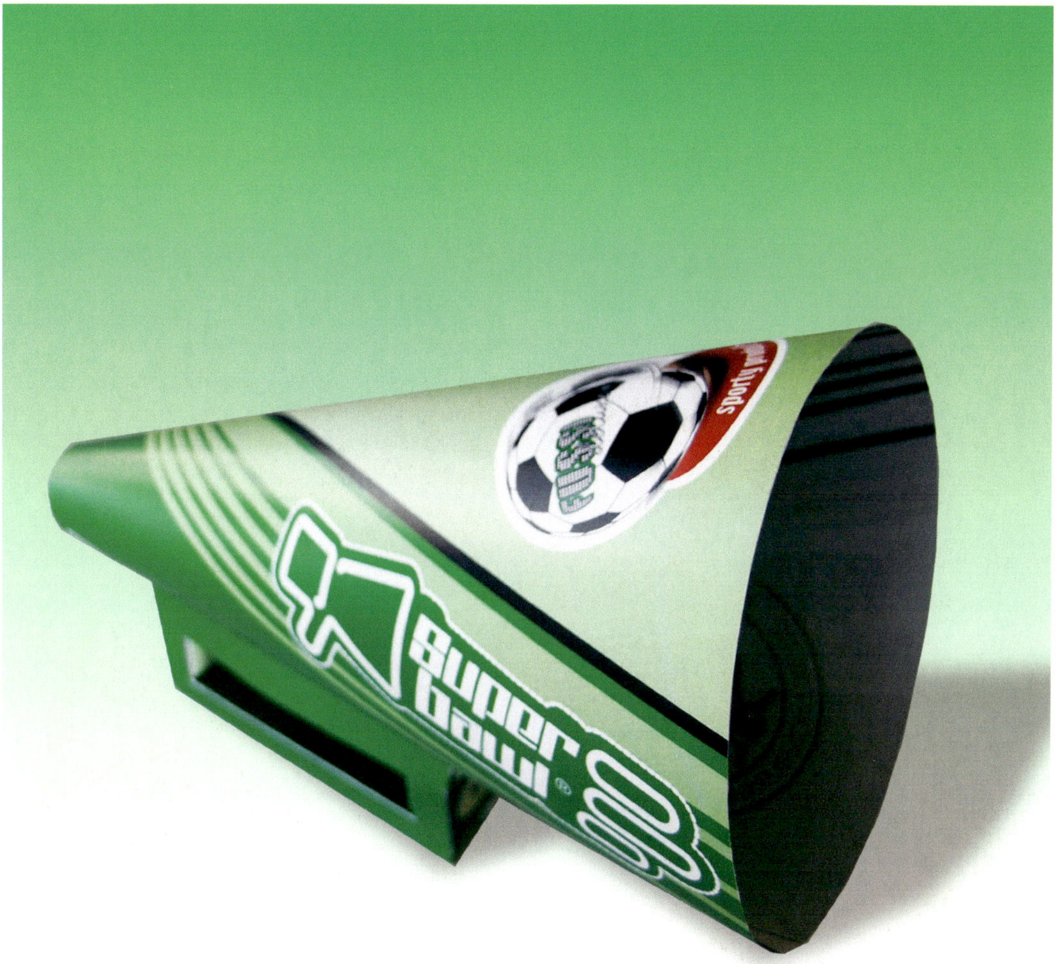

1 dan pearlman; Flüstertüte *SuperBawl*, 2004; Material: Polypropylen

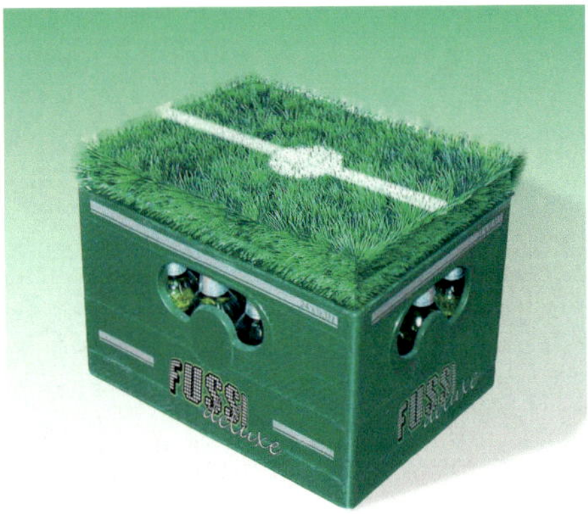

SoccerHocker™

Wer will die WM schon alleine vor dem Fernseher verbringen? Es liegt im Wesen des Fußballfreundes, Gleichgesinnte um sich zu sammeln, um mit ihnen WM-Albumbilder zu tauschen, um die Wette zu fachsimpeln und vor allem Unmengen an Bier zu vernichten. Weil es aber in der Regel sehr viele Gleichgesinnte gibt, resultiert daraus zwangsläufig ein Platzproblem. Die Meute will komfortabel sitzen und während der 90 Minuten den Weg in die Küche möglichst vermeiden. Natürlich liegt es da nahe, sämtliche Bierkästen am Ort des Geschehens zu sammeln und die Gäste auf ihnen Platz nehmen zu lassen. Vom lustigen Muster auf dem Hintern des Sitzenden abgesehen, ist diese Lösung alles andere als ästhetisch elegant. Deshalb haben wir Kunstgras über die Sache wachsen lassen. Das Ergebnis: Unser berühmter SoccerHocker, der ebenso schicke wie authentische Unterbau für jede heimische Fußball-Arena.

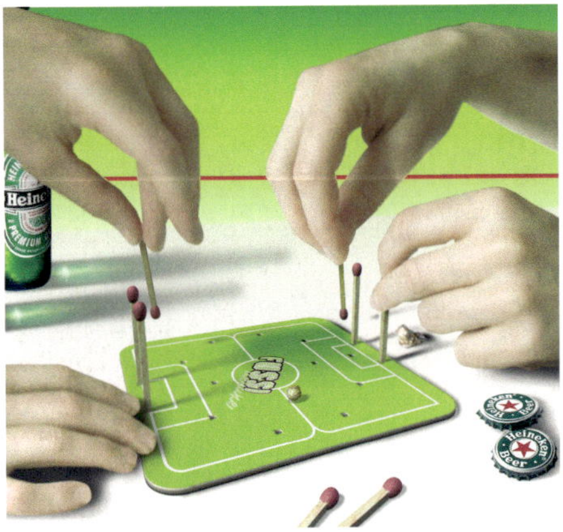

Stick&Kick™

Fußball in der Kneipe ist das Größte. Meistens. Das Dilemma tritt dann auf, wenn uns die Großbildleinwand nicht das bietet, was wir erwarten. Das allein wäre nicht so schlimm, schließlich hält jedes kultivierte Etablissement mit dem Kicker eine sportliche Alternative bereit. Leider finden sich dort jedoch auch alle anderen Enttäuschten ein, mit negativen Auswirkungen auf die eigenen Spielanteile. Deshalb fordern wir: „Tischfußball für alle" und können auch gleich den passenden Kick Tipp präsentieren. Bei Stick&Kick kann man den Gegner im wahrsten Sinne des Wortes auf dem Bierdeckel ausspielen. Und davon gibt es schließlich in jeder Kneipe mehr als genug.

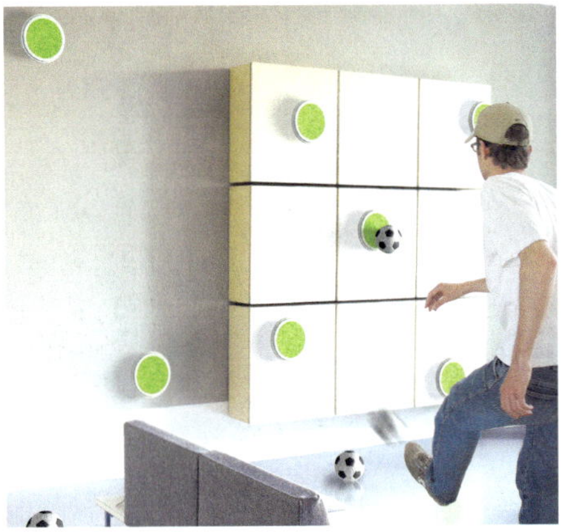

KlettVerschuss™

Dank des aktuellen Sportstudios sowie unzähligen Schul-, Straßen- und Kirchenfesten ist uns die traditionelle Torwand schon so vertraut, dass sie nahezu jeden Erlebniswert verloren hat. Rechts unten. Links oben. Gähn. Hinzu kommt, dass eine grob gelochte Wand mit FIFA gerechten Torausmaßen das Wohnzimmer-Ambiente durchaus beeinträchtigen kann.
Zum Spielen in der Nachbarschaft kann man sie auch nicht mal schnell mitnehmen. Und wie gefährlich die falsche Handhabung von Wand und Ball sein können, zeigt die blutige Nase jener CSU-Stammwählerin, die im Wahlkampf 2002 Ede Stoibers rechte Klebe hautnah erleben durfte. Die gefahrenfreie, Platz sparende, bisweilen gar dekorative, in jeder Hinsicht flexible und zielorientierte Alternative ist deshalb unser Klett Verschuss – der haftende Beweis dafür, dass Filz im Fußball das Spiel durchaus bereichern kann.

ToorMatte™

Für alldiejenigen Fußball-Fans, die keinen grünen Daumen haben und denen die An- und Aufzucht von Rasen zu kompliziert und aufwendig ist, jedoch trotzdem nicht auf ihr heimisches Stuckchen heiligen Gruns verzichten möchten, haben wir mit unserer ToorMatte genau das Richtige. Sie ist nicht nur immergrün-dekorativ und angenehm zu Fuß und Schuh, sie lässt sich auch absaugen und ausklopfen, ohne an Gestalt zu verlieren. Außerdem entfällt das lästige Rasenmähen. Damit sie möglichst lange Freude an ihrer ToorMatte haben, sollten sie diese nicht zu lange größeren Regenmengen und Dauerfeuchtigkeit aussetzten, sonst fängt sie doch noch an zu wachsen.

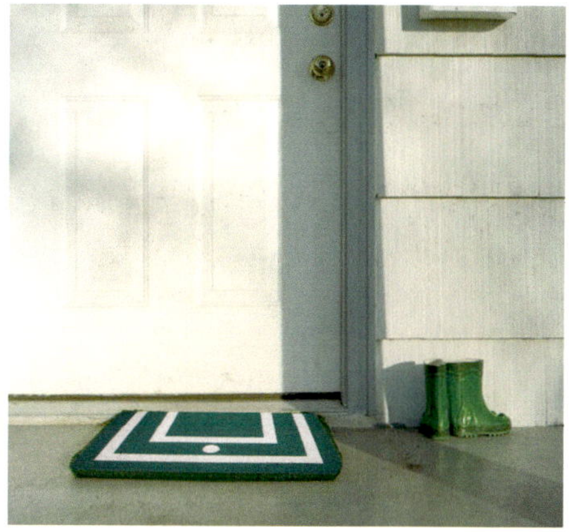

PlayGround™

Eltern haben ja oft einen guten Blick für die Talente ihrer Kinder. In speckigen Beinchen erkennen sie problemlos die Ansätze leistungsstarker Fußballerwaden. Das mit „Ball Ball" begleitete Bestaunen der flimmernden Sportschau gilt als untrügliches Indiz für das frühe Verständnis des Spielgeschehens. Da ist man als Pädagoge und Förderer gefragt. Da muss man was tun, muss den Kleinen zu dem Talent auch noch die entsprechende Leidenschaft mit in die Wiege legen. Für Phase 1 auf dem mindestens sechs Jahre langen Weg zur F-Jugend empfehlen wir deshalb den geeigneten PlayGround. Bis Kraft und Balance zum Stehen, Laufen und vor allem Schießen voll entwickelt sind, sorgt dieses Objekt schon einmal für die richtige Identifikation.

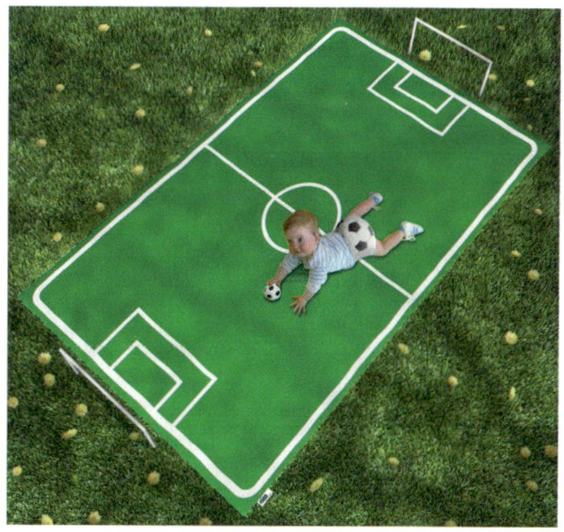

FootooKit™

Aberglaube ist im Fußball allgegenwärtig. Siegreiche Strähnen führt man insbesondere auf der Trainerbank mit Vorliebe auf bestimmte Kleidungsstücke zurück, die dann solange getragen werden, bis die Mannschaft – vom penetranten Geruch irritiert – schließlich verliert. Dann ist der wahrnehmbar faule Zauber vorbei. Für echte Profis, die den Sieg nicht dem Schicksal überlassen wollen, haben wir deshalb dieses magisch stichhaltige Objekt kreiert. Mit passendem Zeremoniell, einem guten Draht zu den schwarzen Mächten des Balles, ein bisschen Hand Gottes und vor allem unserem FotooKit wird der Gegner zum willenlosen Objekt der eigenen Willkür. Wie sonst ließe sich eine 5-zu-1-Niederlage des deutschen Spitzenteams gegen Rumänien erklären?

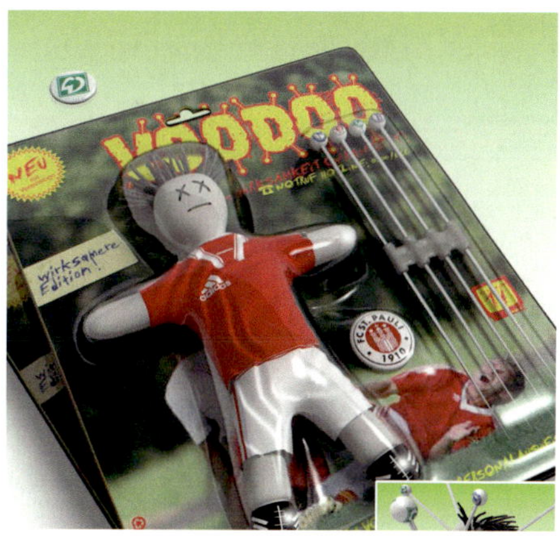

„Das Tor: zwei Steine.“

Gerrit Terstiege

„Es stimmt. In grauer Vorzeit, als Junge, stand ich beim Fußball immer im Tor. Das spielte sich meist nach der Schule ab, Straßenfußball eben, Bolzerei. Den Ball haben wir aus Stoffresten zusammengenäht. Das Tor: zwei Steine. Aber in gewisser Weise gibt es ja Parallelen zwischen dem Fußball und der Arbeit als Designer: Strategie. Augenmaß. Siege und Niederlagen. Alles eine Frage der Form. Und nicht zu vergessen: Gutes Design ist immer eine Teamleistung. Der einzelne nützt gar nichts, wenn die Mannschaft nicht stimmt. Ein Kollege machte mich übrigens in den siebziger Jahren auf die ästhetische Seite des Fußballs aufmerksam. Der sagte dann: „Schau dir doch mal diesen Beckenbauer an, wie der mit dem Ball umgeht, wie der ein Spiel gestaltet. Mit welchem Gefühl, mit welcher Eleganz der agiert.“

Der Mann, der hier spricht, ist heute selbst eine Legende: Dieter Rams. Ein Mann fürs Eckige. Das gilt nicht nur fürs Tor, sondern wohl auch für das kantige Braun-Design, das unter seiner Führung, bis 1997, erstklassig war. In Deutschland jedenfalls hat Rams nur einen Gegenspieler, der es mit seinem Ruhm aufnehmen kann: Luigi Colani, der Mann fürs Runde. Aber uns soll hier das Eckige beschäftigen, das Geviert, der Käfig, der Kasten. Eben das, was verdammt noch Mal sauber zu halten ist! Offiziell ist das Tor ein durch und durch definiertes und reglementiertes Objekt: Laut FIFA-Regeln muss der Abstand zwischen den Innenkanten der Pfosten 7,32 Meter betragen. Für den Elfmeterschützen sind diese gut sieben Meter beklemmend schmal – und für den Mann, dem er in die Augen blickt, eine unendliche Weite. Beiden verzerrt Angst die Wahrnehmung, daher müssen noch mehr Regeln her: Die Unterkante der Querlatte muss genau 2,44 Meter vom Boden entfernt sein. Die Pfosten und die Querlatte sollten 12 cm breit und tief sein und müssen dasselbe Format haben. Die Torlinie wiederum ist genauso breit zu zeichnen wie Pfosten und Querlatte. Ein dreidimensionales Rechteck.

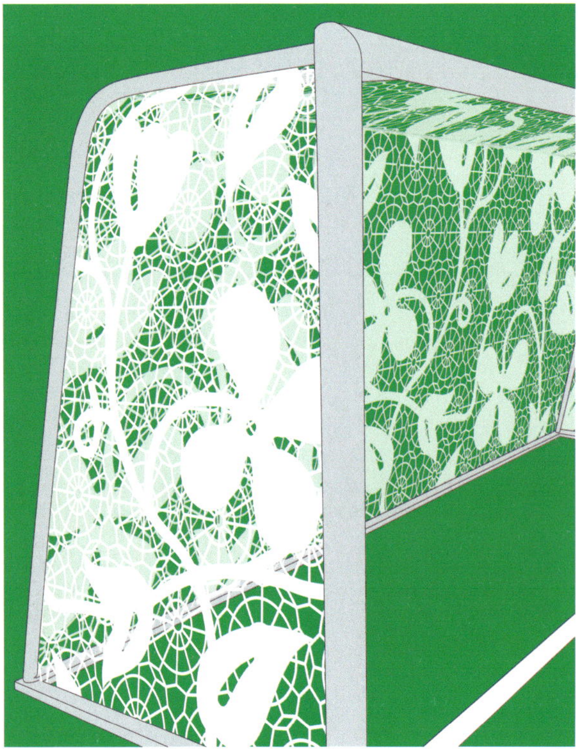

Ein Ding gewordenes Metazeichen. Kühl, abstrakt, schnörkellos.

Fehlt noch das Netz. Es muss so angebracht werden, dass es den Torwart in keiner Weise behindert, seine Maschenformen sind allerdings freigestellt. Die Designer Silvia Knüppel und Damien Regamey aus Karlsruhe nutzen diese Lücke im Regelwerk und arbeiten zurzeit an charmanten neuen Netzstrukturen.

Auch die Farbe des Kastens darf nicht willkürlich verändert werden. Pfosten und Querlatten müssen, so will es das FIFA-Reglement, Weiß oder Silber gekennzeichnet sein. Warum gibt es im Winter eigentlich keine grell orangefarbenen Tore und Netze, wo doch bei Eis und Schnee der Ball auch seine Farbe ändert?

1 Silvia Knüppel, Damien Regamey: Entwurf für *Homesick/Fußballtornetz*, 2005

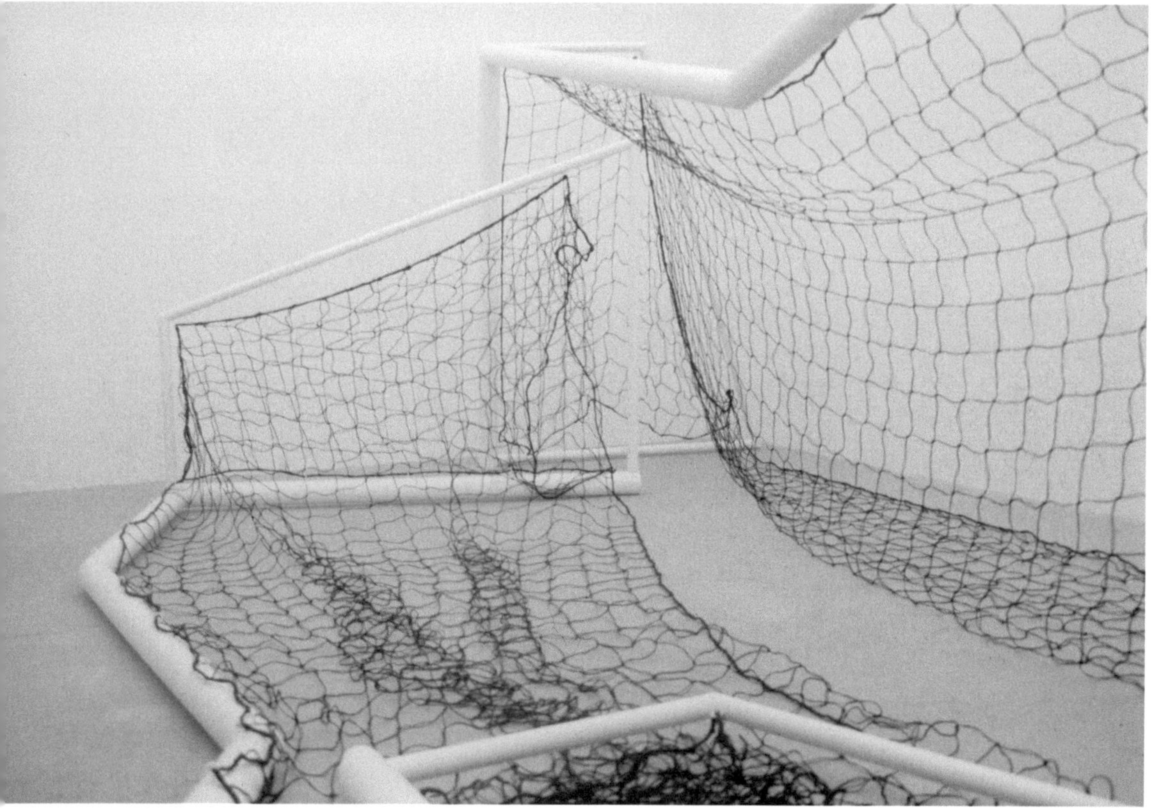

Soweit also die Formalien. Soweit ist das Bild komplett, das wir vor Augen haben, wenn wir das Wort „Fußballtor“ lesen oder hören. (Zumindest wenn der Zusammenhang nahe legt, dass es nicht um den gleich lautenden Treffer geht!)
Spannend wird es, wenn sich ganz reale Tore von diesen Bild entfernen. Rams und seinen Jungs genügten vor sechzig Jahren zwei Steine. Klaus Theweleit erinnert sich in seinem Fußballbuch „Tor zur Welt“ (Köln, 2004) an ähnliche Provisorien der Kindheit: „Hatte man endlich wen gefunden, der Zeit und Lust hatte und der auch spielen konnte, waren Tore schnell gebaut, Sand aufgehäufelt, Steine gelegt, Stöcke gesteckt oder Schulranzen platziert.“ Ein weitere skulpturale Variante des Vorläufigen, weil denkbar einfach herzustellen: zwei Ballen aus Hemden, Jacken oder Pullovern – fertig ist das Tor. Ein Readymade, ein magischer Haufen, ein Fetisch, der auf Höheres verweist.

Knallt aber der Ball gegen eine solche Installation, ist der Ärger groß: War der jetzt „drin“, „vorbei“ oder „Pfosten“? Gestern lief ich durch einen Park, in dem zwei Jungen Elfmeterschießen übten, wobei sie nach jedem Schuss die Rollen tauschten. Echte Talente: harte Schüsse, brillante Paraden, die an die großen Wahnsinnigen im Kasten erinnerten, an Dino Zoff, Toni Schumacher, Fabien Barthez oder Olli Kahn. Es war eine Freunde zuzusehen. Aber ihr Tor? Links eine dürre, noch junge Rotbuche. Rechts ein dichter, kugeliger Busch. Das war alles. Ein etwas hoher, angeschnittener Ball senkte sich seinem Ziel entgegen. Aber war es ein Tor? „Knapp drüber“, darauf konnte man sich schnell einigen, weil es um nichts ging. Nur: über was ist der Ball da eigentlich geflogen? Ein Hirngespinst, eine Luftspiegelung? Irgendwann packten die beiden ihre Sachen, nahmen dem Ball unter den Arm und zogen weiter – und das Tor verschwand mit ihnen. Zurück blieben irgendein Baum, ein Strauch in einem Park in Frankfurt. Fußball, wie jedes gute Theaterstück, ist eben auch Illusion, ist auch: eine Feier der Vergänglichkeit.

1 Jacques Julien; Skulptur *Le cimetière des éléphants*, 1998; Material: Stahl, weißer Lack, Tornetz
Jacques Julien zerknüllte in Vorbreitung auf die Arbeit ein handgroßes Tor im Modellformat wie ein Stück Papier und ließ das so entstandene Objekt in Originalgröße nachbauen.

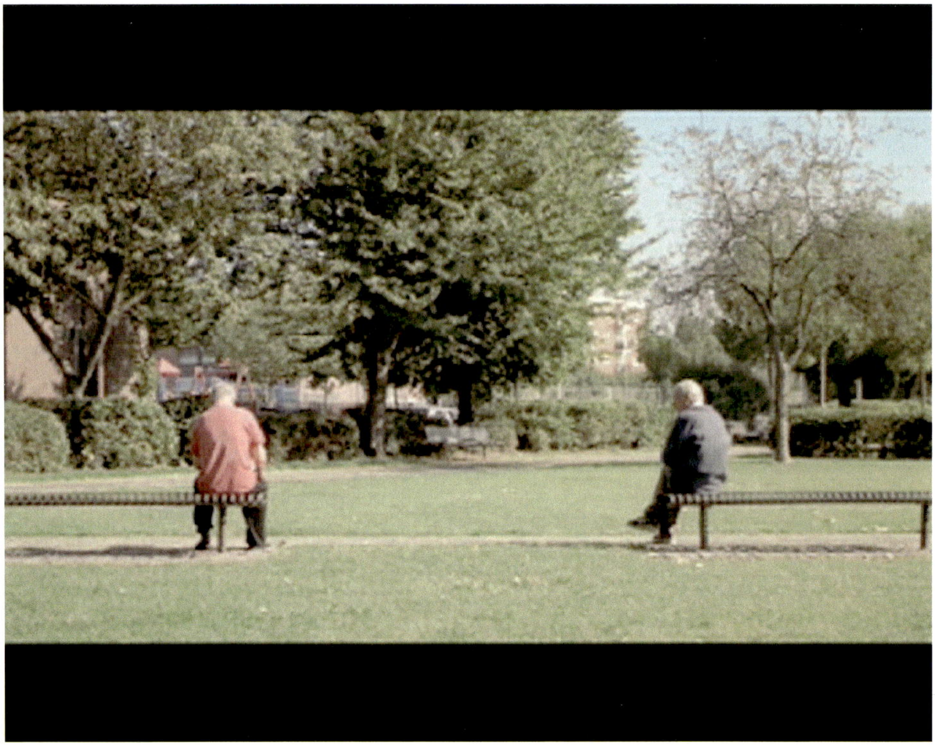

Unvergessen: Das illusionslose Verschwinden eines Tores vor laufender Kamera 1998 beim Champions-League-Halbfinale zwischen Dortmund und Real Madrid im Bernabeu-Stadion: eines der Tore fiel vor Anpfiff um und musste wie ein verletzter Spieler vom Platz getragen werden. Geschlagene 75 Minuten vergingen, bis Ersatz herbeigeschafft und verankert war – eine Kuriosität in der Geschichte der Live-Übertragung, die Günther Jauch und Marcel Reif mit Witz zu nehmen wussten. Reif, nach etlicher Wartezeit: „Noch nie hätte ein Tor dem Spiel so gut getan wie heute."

Wie tröstlich wiederum, dass die Fußballgötter der Vergänglichkeit des Spiels und dem Verschwinden provisorischer Spiel-Orte die Allgegenwart des Tors „als Wille und Vorstellung" beigestellt haben:
der Blick eines passionierten Spielers vermag immer und überall Tore zu erkennen.

Genau darauf baut ein TV-Spot für den Sportartikler Umbro: Zu herzerweichendem Gesäusel, Vibraphon- und Gitarrenklängen, werden im sanften Wechsel Mauern, Kontainer, Haltestellen, Laternen und Garagentore gezeigt. Landschaftsidyllen mit zwei Telegrafenmasten, Parkbänke in gebührendem Abstand, im Abendlicht. Und am Ende des kurzen Films wird lediglich das Umbro-Logo eingeblendet. Zauberhaft. Ähnlich berührt mich ein aktueller Bildband des Fotografen Rainer Sülflow. Er hat „Fußballplätze in Deutschland" (Burgwedel, 2005) mit der Kamera festgehalten. Seltsam stille Orte, menschenleere Felder nach der Schlacht, im Morgennebel. Wunderbar ist dieses Bild: Eine rötliche Backsteinmauer in einem Kaff namens Vehlefanz, auf die jemand vor langer Zeit drei weiße Linien zur Torsilhouette verbunden hat. Eine Torwand fürwahr, nur eben ohne Löcher. Das, was einmal ein Sechzehnmeterraum gewesen sein könnte, ist heute durchfurcht, unbespielbar, mit Löwenzahn und Disteln überwachsen. Das ist kein „Powerrasen" wie er die großen Stadien schmückt. Das sind die weltumspannend wuchernden Gräser Walt Whitmans! Und auf jedem Bild, mal windschief aus Holz, mal aus Baumarkt-Rohren zusammengeschweißt, mit schlaffen, wettergegerbten Netzen – Tore, Tore, nichts als Tore. Sie stehen dort und warten auf das nächste Training, den nächsten Samstag. Denn das Spiel ist noch lange nicht aus.

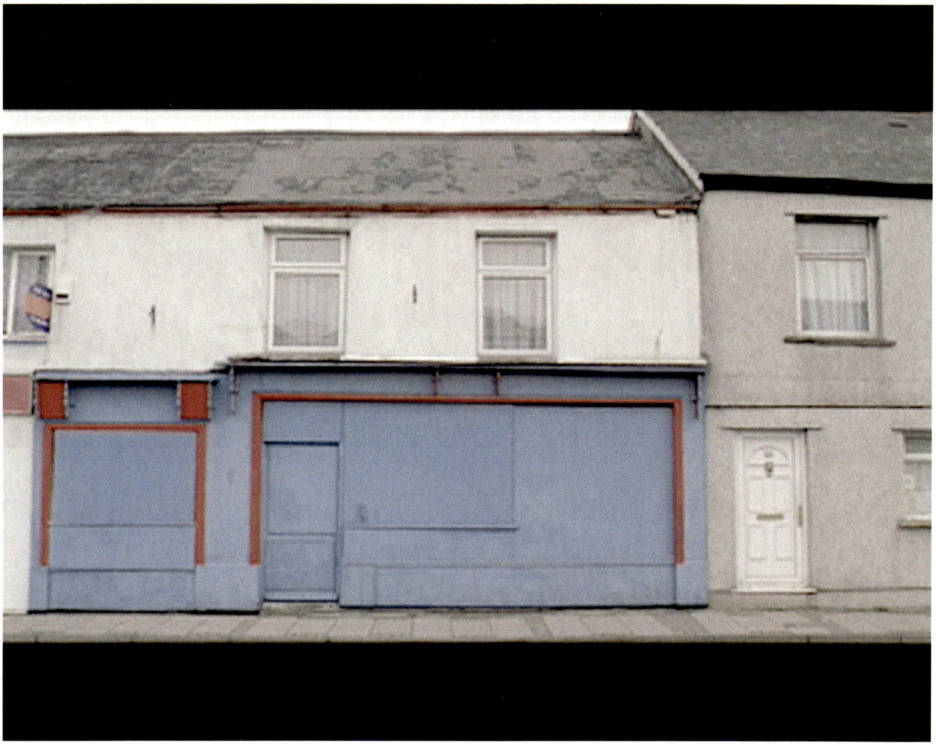

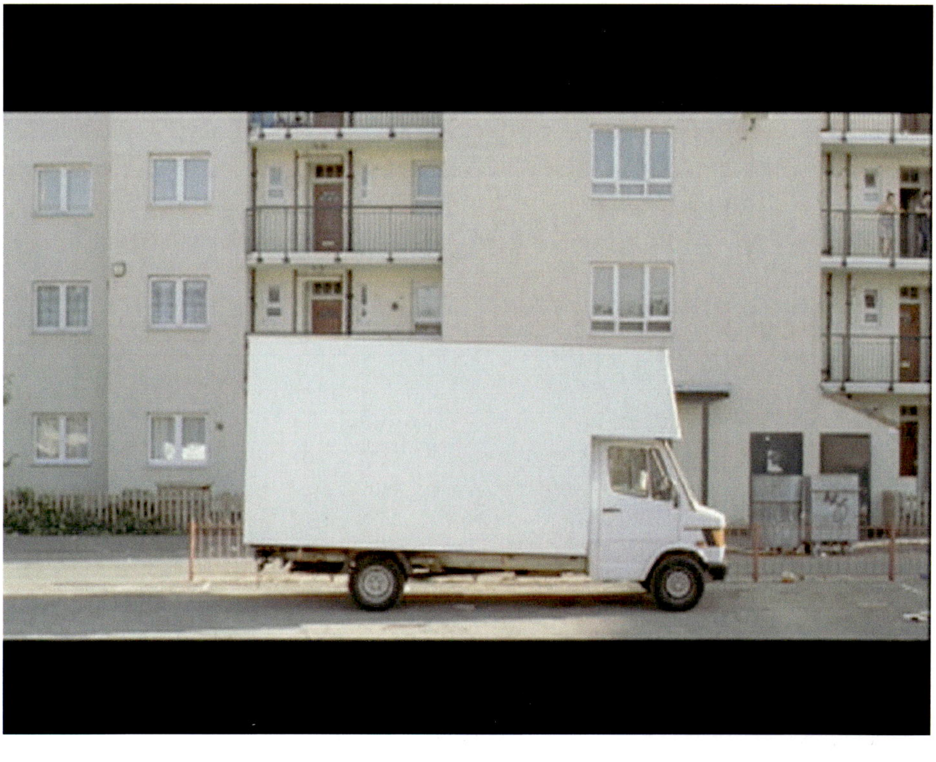

1 Stills aus dem Werbefilm *Goalposts*;
Agentur: Fallon London (UK); Producer: DougWade;
Regie: John Hardwick; Creative Team:
Richard Flintham, Andy McLeod;
Produktion: HLA (UK); Kunde: Umbro

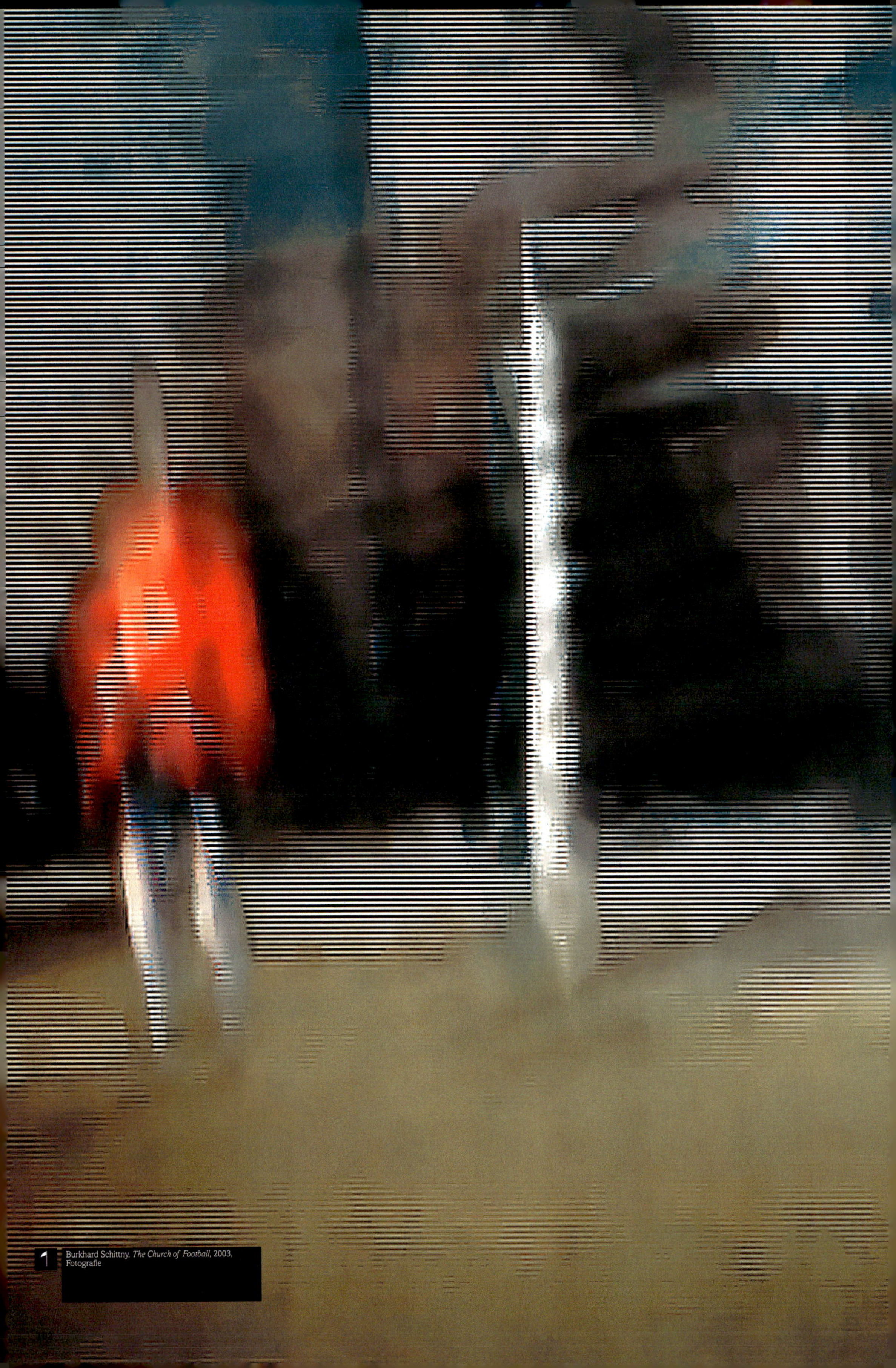

1 Burkhard Schittny, *The Church of Football*, 2003, Fotografie

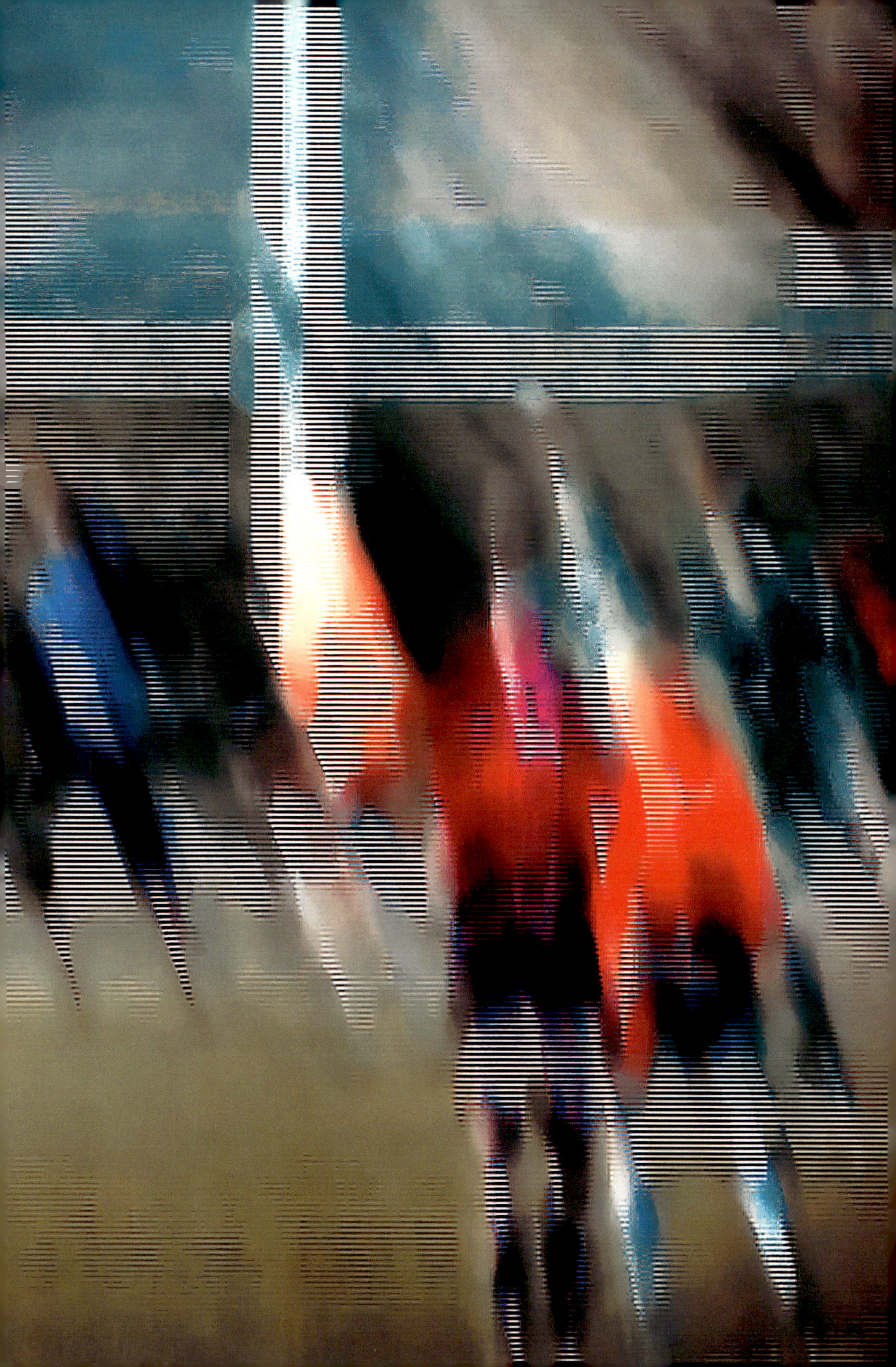

Fußball in Werbefilmen

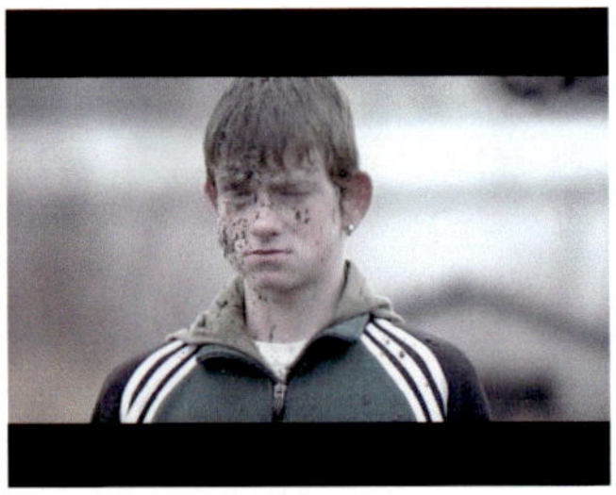

Fritz Walter Stiftung „Tor“

Titel: Tor; Kreativagentur: Jung von Matt/Spree GmbH;
Produktion: Jo!Schmid; Erste Veröffentlichung: 12/2003 Text: Daniel Henning;
Kundenberatung: Henning Gerstner; Kreativdirektion: Burkhart von Scheven;
Artdirektion: Sergei Ivanov; Regie: Till Obladen; Kamera: Jutta Pohlmann;
Agenturproducer: Hanna Stüven; Schnitt: Tilmann Clus.

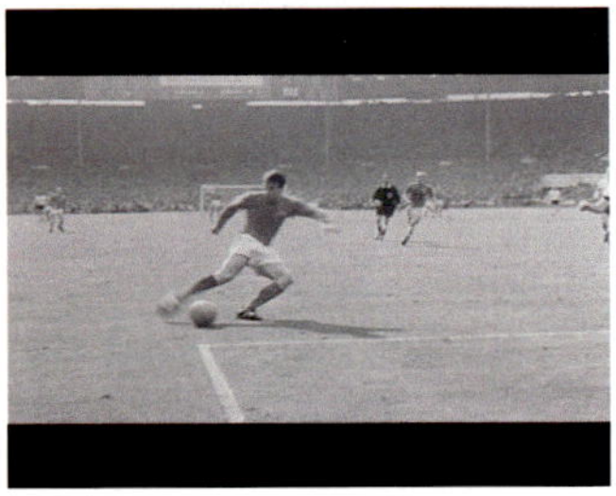

SPD „Wembley“

Titel: Wembley; Kunde: SPD; CD-Art: Andreas Geyer, CD-Text: Uli Zünkeler;
Beratung: Rainder Henselek; Postproduction Supervisor: Götz Hudelmaier;
Editor: Constantin von Seld; Telecine-Operator: Jim Hogan;
Online-Operator (Editbox): Eva Stimpfl.

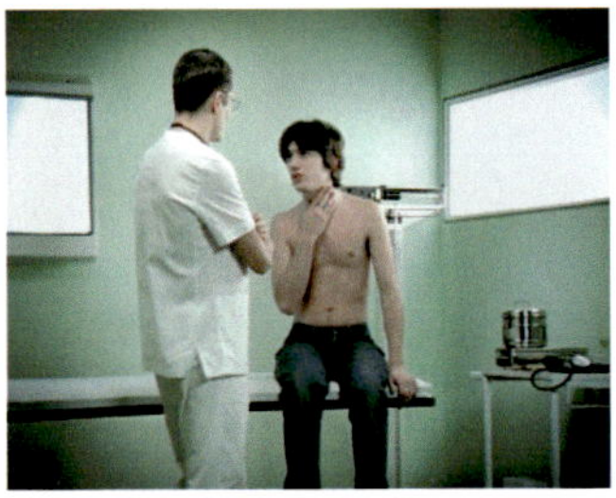

Coca Cola „Doctor“

Title: Doctor; Director: Adriana Laham;
Year: 2002; Agency: Agulla & Baccetti

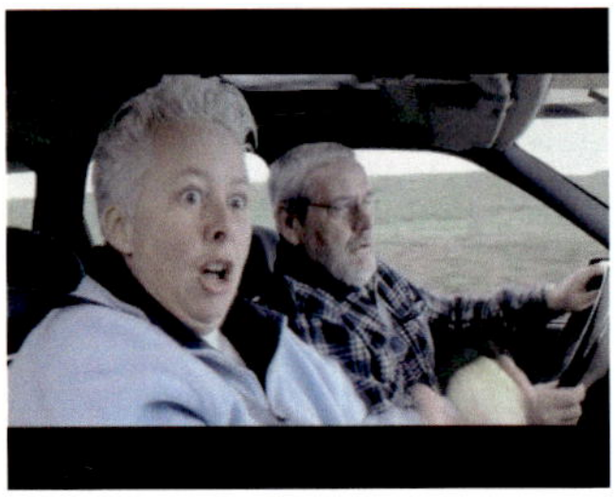

Oddset „Wohnwagen“

Titel: Wohnwagen; Jahr: 2004; Regie: Marc Schöllermann;
Produktion: Markenfilm Hamburg; Produzent: Lars Wiepking;
Creative: Peter Jooß/Thomas Fiederer; Beratung: Petra Bürkle/Gerhard Wolf;
Artbuying: Sandy Bürkle; Kunde: Staatliche Toto Lotto GmbH Baden-Württemberg

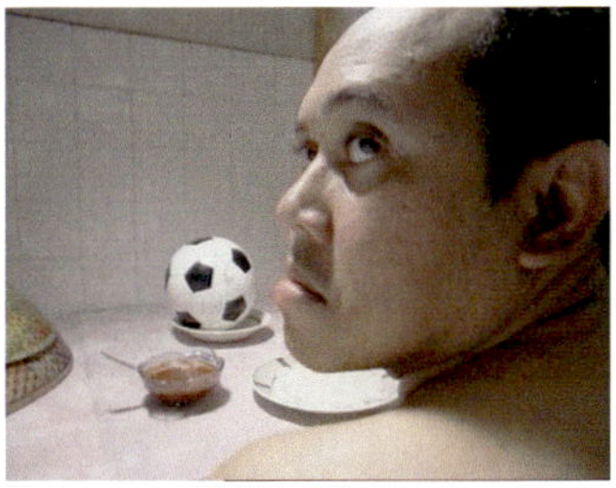

TV 3 World Cup Promo „Makan Bola“

Title: Makan Bola; Director: Yasmin Ahmad; Producer: Dave Singh; Creative: Yasmin Ahmad, Izwar Zakri, Shafiee Othman; Editor: Pietra; Agency Producer: Nisha Khiruddin; Director of Photography: Teoh Gay Hian; Agency: Leo Burnett Advertising (Malaysia); Brand TV3; Music: TV3, Kuala Lumpur

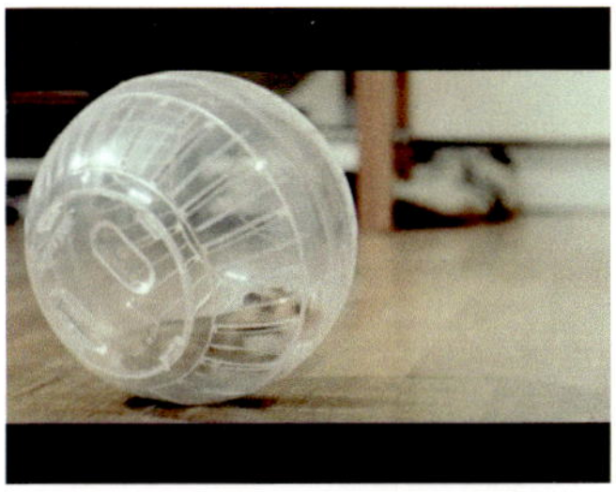

Powerleague „Hamster“

Title: Powerleague Hamster; Date: May 2005; Director: Stuart Elliot; Creative Team: Zane Radcliff, Gareth Howells; Production: MTP Glasgow; Agency: Newhaven; Agency Producer: Roger Goldie; Client: Powerleague

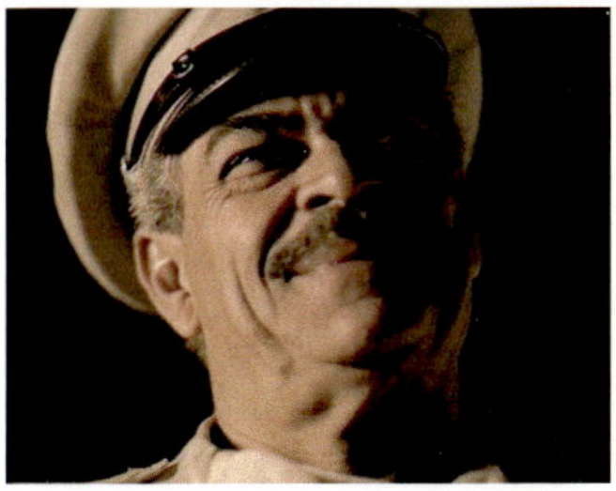

Telekom France „Customs“

Title: Customs; Director: Peter Smillie; Date: April 1998; Country: France; Agency: CLM BBDO Paris; Production: Smillie Films, Venice

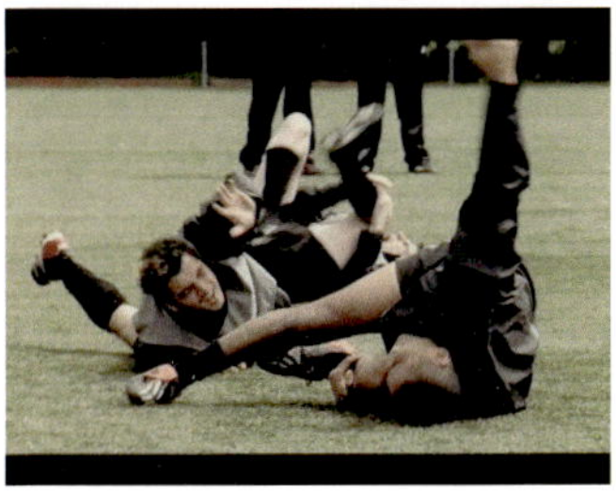

The Guardian „Divers, Euro 2004“

Title: Divers; Agency: DDB London; Creative Director: Andrew Fraser; Copywriter: Matt Lee; Art Director: Peter Heyes; Production: Gorgeous Enterprises; Director: Chris Palmer; Producers: Alicia Bernard, Michael Parker; Client: The Guardian Newspaper

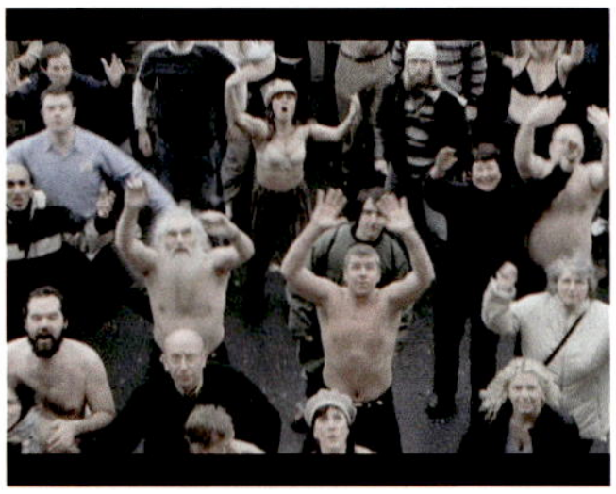

Carling „The Big Match"

Title: The Big Match; Director: Kevin Thomas;
Production: ThomasThomas Films; Producer: Philippa Thomas;
Creative: Lou Bogue, Pete Cain, John Messum; Agency: Leith, London;
Agency Producer: Emma Johnston; Director of Photography: Bob Pendar-Hughes;
Art Director: Louis Bogue; Post Production: The Mill (UK); Brand: Carling;
Music: 5.6.7.8.'s, Woo Hoo, Skidmore Music Co.

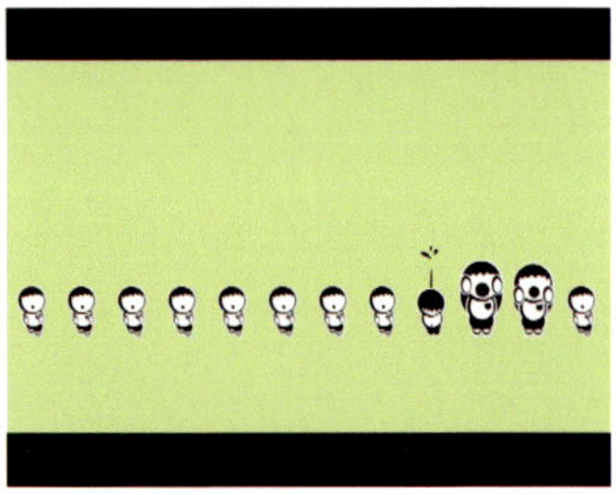

Pool 72 „Kein Tennis"

Titel: Kein Tennis; Auftraggeber: DFL, 2005;
Design: Pool72//Intermedia;
Design: Monika Torbica, Steffen Blandzinski

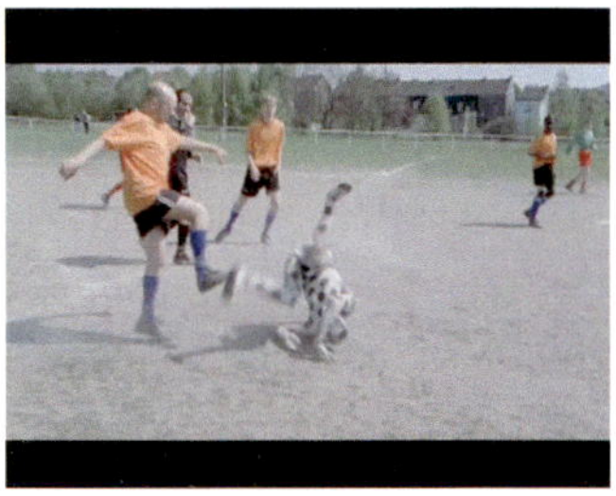

De Morgen „Soccer"

Title: Soccer; Client: DeMorgen Newspaper;
Agency: Duval Guillaume Bruxelles;
Director: Lionel Goldstein;
Production: CZAR

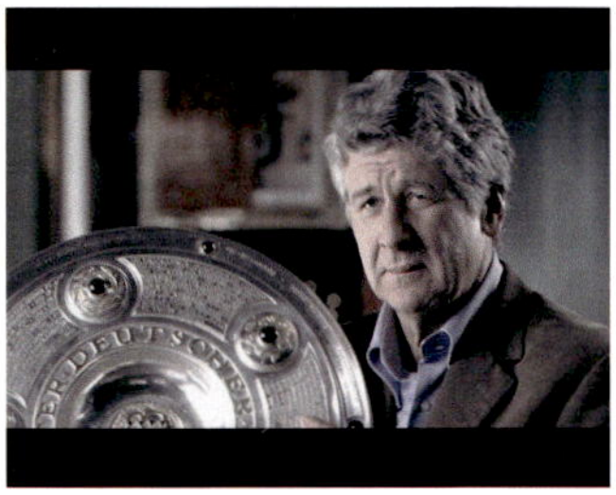

Premiere „Juwelier"

Titel: Juwelier; Kunde: Premiere;
Produktionsfirma: Beyerl & Partner, Unterföhring;
Regisseur: Peter Kleine; Agentur: Goldammer Werbeagentur

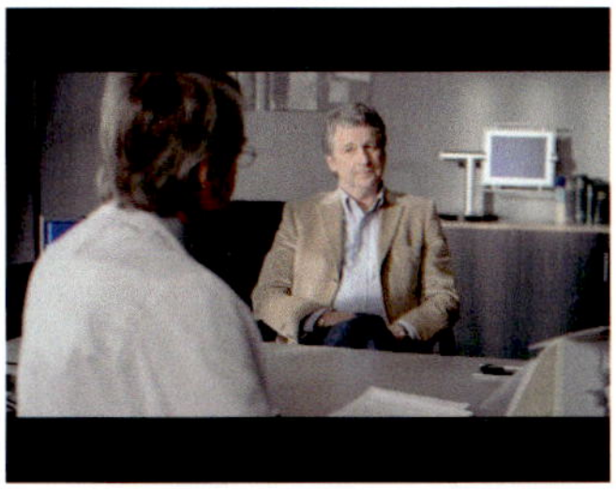

Premiere „Rohrschachtest“

Titel: Rohrschachtest; Kunde: Premiere;
Produktionsfirma: Beyerl & Partner, Unterföhring;
Regisseur: Peter Kleine; Agentur: Goldammer Werbeagentur

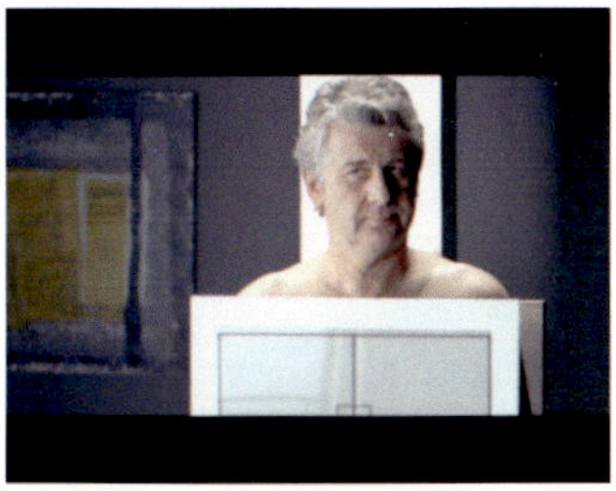

Premiere „Herz“

Titel: Herz; Kunde: Premiere;
Produktionsfirma: Beyerl & Partner, Unterföhring;
Regisseur: Peter Kleine; Agentur: Goldammer Werbeagentur

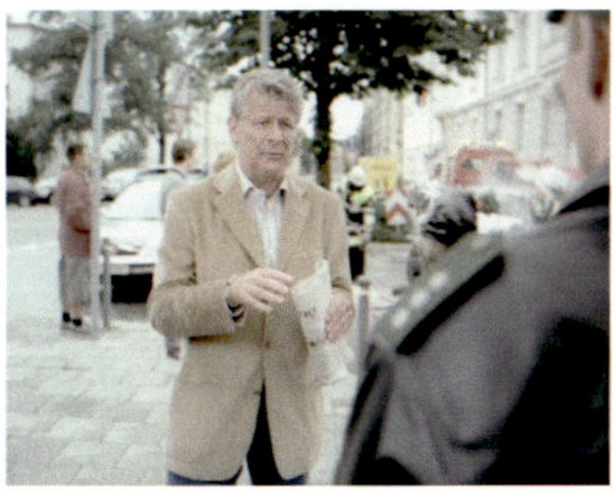

Premiere „Zeuge“

Titel: Zeuge; Kunde: Premiere;
Produktionsfirma: Beyerl & Partner, Unterföhring;
Regisseur: Peter Kleine; Agentur: Goldammer Werbeagentur

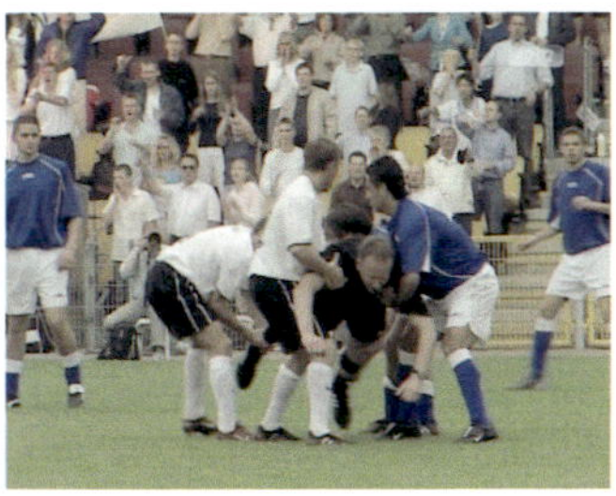

Danske Tiptjeneste „Referee`s Drop“

Title: Referee`s Drop; Agency: BBDO I/S; City: København;
Brand Name: Danske Tipstjeneste; Product Name: National Danish Sports Betting;
Date of First Publication: 6.03.2004; Director: Stefan Treshow;
Producer: Tobias Kampmann, Flemming Thomsen;
Account Supervisor: Juliane Meulengracht, Sidsel Abildtrup;
Editor: Anders Villadsen; Advertiser's Supervisor: Søren Nielsen.

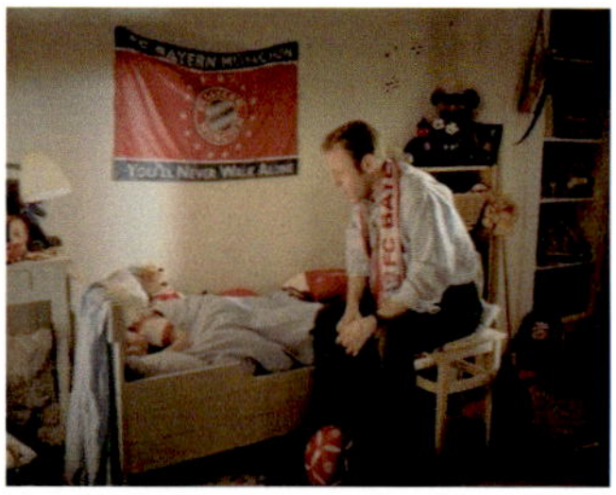

FC Bayern „Fan“

Titel: „Fan“; Auftraggeber: FC Bayern München; Produkt: FC Bayern München; Geschäftsführer: Uli Hoeness; Product Manager: Andreas Jung; Agentur: Heye + Partner; CD: Norbert Herold/Jan Okusluk; AD: (Norbert Herold); Text: (Jan Okusluk); FFF Producer: Sascha Driesang; Filmproduktion: Markenfilm Berlin; Director: Birgit Möller; Producer: Johannes Bittel; Kamera: Michael Ole Nielson; Schnitt: Olaf Tischbier; 1. Veröffentlichung: Sep 04 bei SAT 1

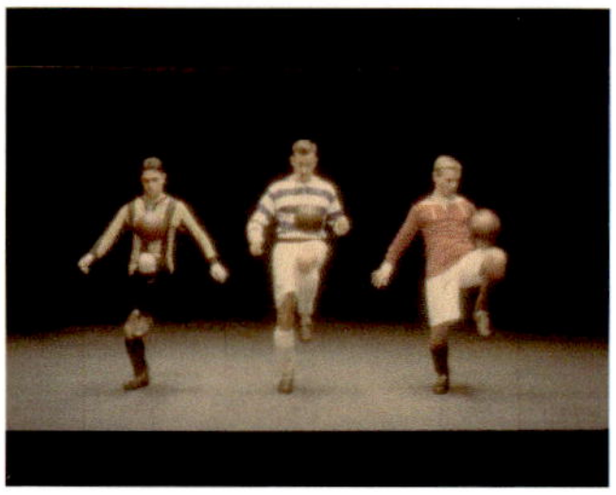

National Football Museum „Just Visit“

Title: Just Visit; Director: Mark Denton; Producer: Jane Fitch; Creative: Ben Casey, Adam Denton; Editor: Joel Miller; Director of Photography: Angus Hudson; Production: Blink Productions (UK); Post Production: Rushes Postproduction (UK); Brand: National Football Museum; Music: Anthony & Gaynor Sadler, London

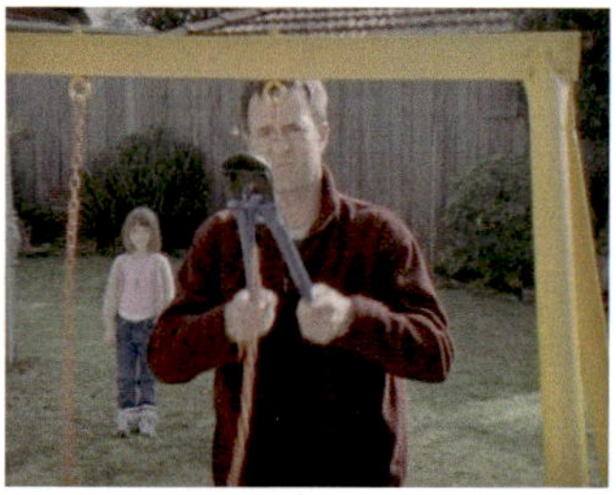

Fox Sports „Swings“

Title: Swings; Client: Fox Sports; Product: Fox Sports; Agency: Saatchi & Saatchi Australia; Creative Director: David Nobay; Art Director: Noah Regan; Copywriter: Jason Mendes; Agency Producer: Bill Doig; Account Supervisor: David Flanagan; Director: Tim Bullock; Prod. Company: Prodigy Films; DOP: Marcus Hides

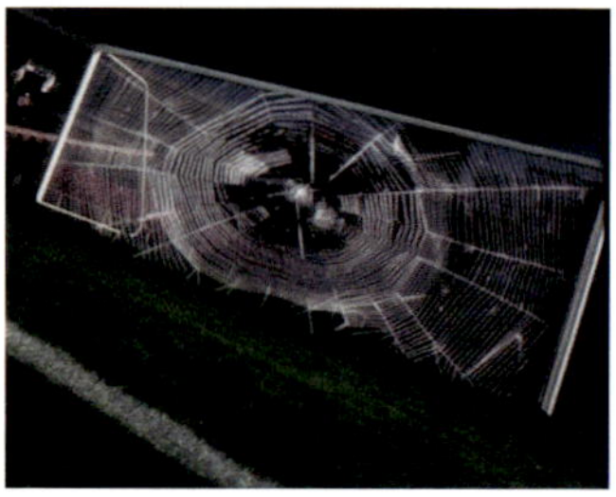

G/ESPN 2 „Spider“

Titel: Spider; Agency: Ground Zero, Marina Del Rey, California; Production/Post/Editorial: Miss Jones, Santa Monica; Director: Meiert Avis; Executive Producer: Ben Dossett; Designer/Online Editor/Flame Artist: Stefan Smith; Postproduction Supervisor: Bronwen La Grue; Editor: Philip Owens; client: ESPN

Fußball in Kurzfilmen

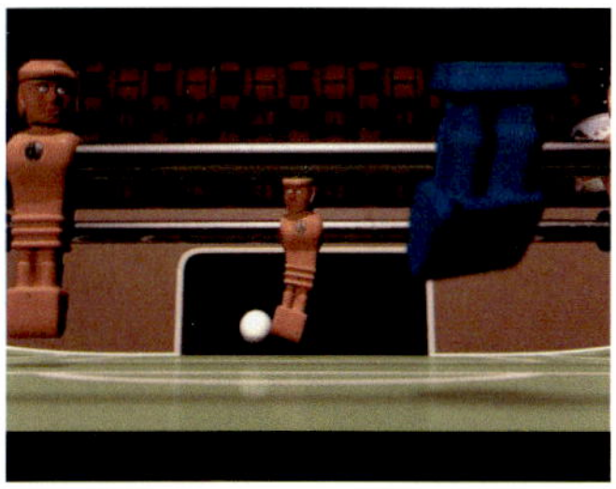

Marc Hermann „Kicker“

Titel: Kicker; Marc Hermann; Computertrickfilm, Deutschland 2003; Musik: Patrick Spitzer, Marc Hermann

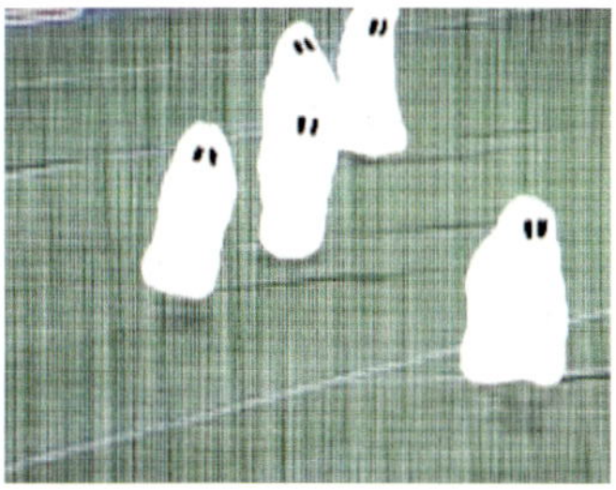

Jaques Julien „Soccer Ghosts“

Title: Soccer Ghosts;
Artist: Jaques Julien;
Year: 2003

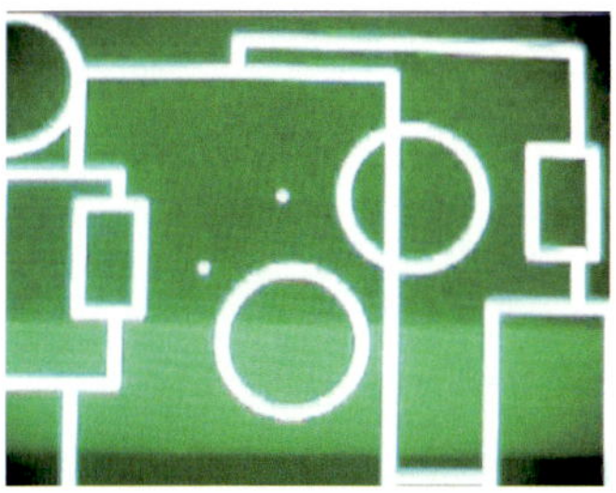

Jaques Julien „Boing“

Title: Boing;
Artist: Jaques Julien;
Year: 2003

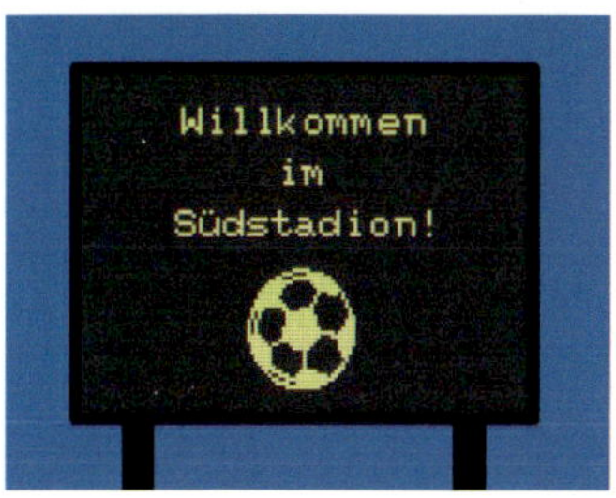

Alexander Budde, Thorsten Weishaupt „O Fortuna“

Titel: “O Fortuna”; Alexander Budde, Thorsten Weishaupt;
Jahr: 2000

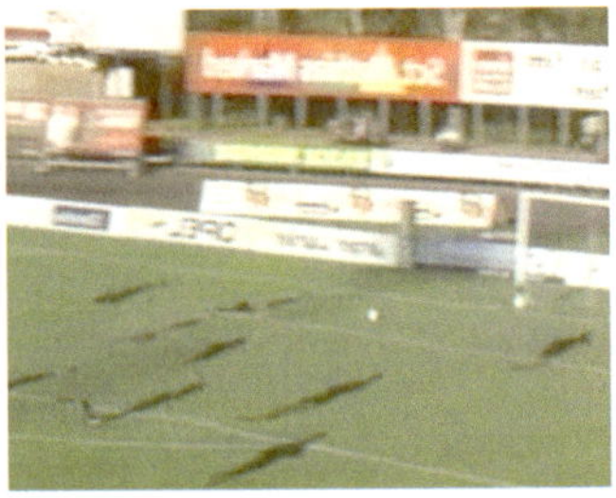

„It's all in the game"

Titel: It's all in the game; Regie: Jeannette Ehlers;
„Selected for Shoot Goals! Shoot Movies! organized by „Berlinale Talent Campus"
55th Berlin International Film Festival, on behalf of the Nationale DFB Kulturstiftung GmbH.
In Cooperation with Federal Foreign Office, official Element of the Artistic and
Cultural Programme, sponsored by the German Government

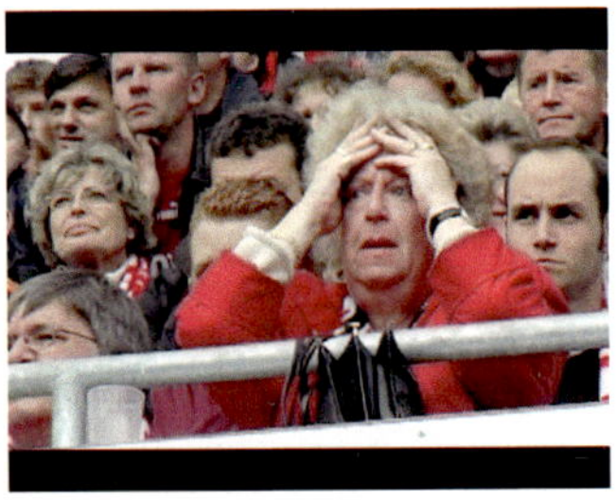

„Feelings"

Regie: Jens Schillmöller;
„Selected for Shoot Goals! Shoot Movies! organized by „Berlinale Talent Campus"
55th Berlin International Film Festival, on behalf of the Nationale DFB Kulturstiftung GmbH.
In Cooperation with Federal Foreign Office, official Element of the Artistic and
Cultural Programme, sponsored by the German Government

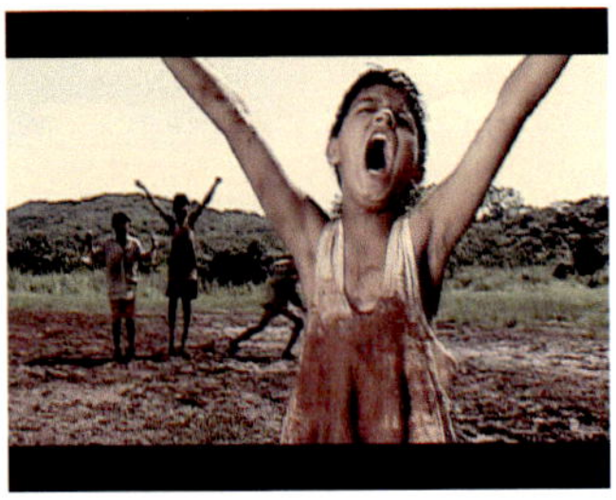

„Village Football"

Regie: Sainath Choudhury;
„Selected for Shoot Goals! Shoot Movies! organized by „Berlinale Talent Campus"
55th Berlin International Film Festival, on behalf of the Nationale DFB Kulturstiftung GmbH.
In Cooperation with Federal Foreign Office, official Element of the Artistic and
Cultural Programme, sponsored by the German Government

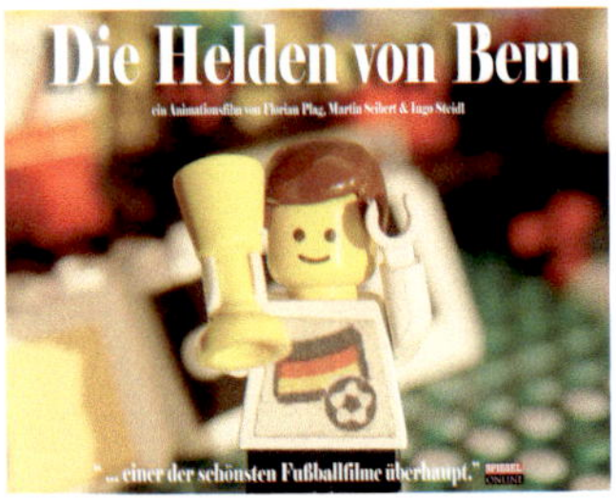

„Die Helden von Bern"

Ein Animationsfilm von Florian Plag, Martin Seibert und Ingo Steidl;
Die WM 54 als Legofilm – mit dem Originalkommentar von Herbert Zimmermann;
Entstanden an der FH Offenburg; Vertrieb: KurtsFilme GmbH;
www.kurtsfilme.de

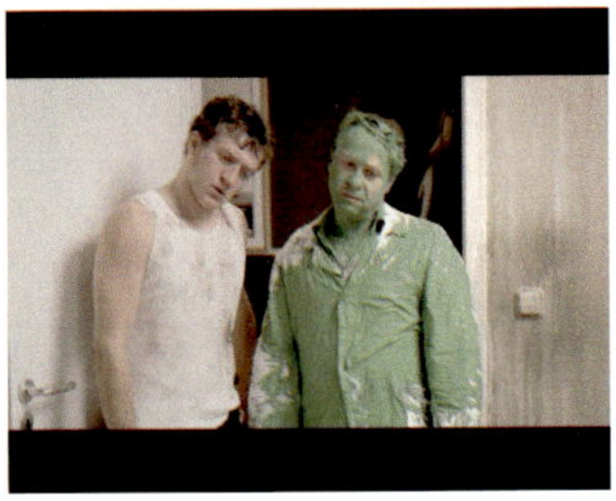

„Ball im Kopf. Kult ums Kicken"

Werbespot für die Ausstellung Ball im Kopf. Kult ums Kicken, im Museum
für Kunst und Gewerbe Hamburg, 12. November 2005 bis 26. Februar 2006
Produktion: BM8; Regie: P. Dietrich; Kamera: M. Mack;
Produktionsleitung: N. Klamroth; Aufnahmeleitung: M. Bethke;
Logodesign: Weissraum

Fußball im Grafik Design

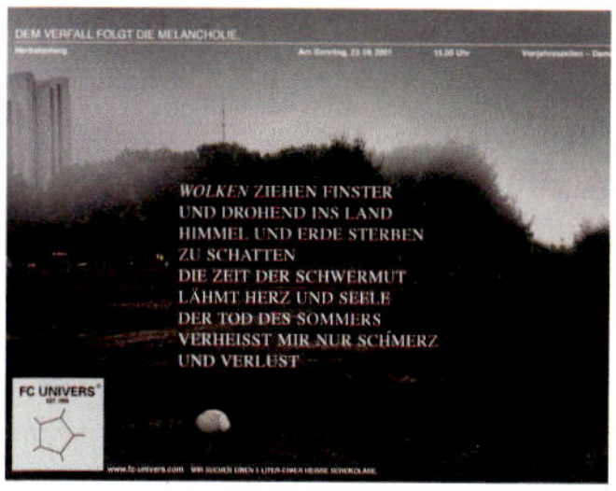

FC Univers

Emailkampagne eines Fußball–Kultur-Clubs; gestaltet von Simon Kämper, Christoph Steinegger, Roman Breier, Ingo Diekhaus, Sabine Feichtner, Jenny Grieger, Merten Kaatz, Marcel Riedmann, Maren von Stockhausen, Dirk Thieme; www.fc-univers.com

Fußball in Musikvideos

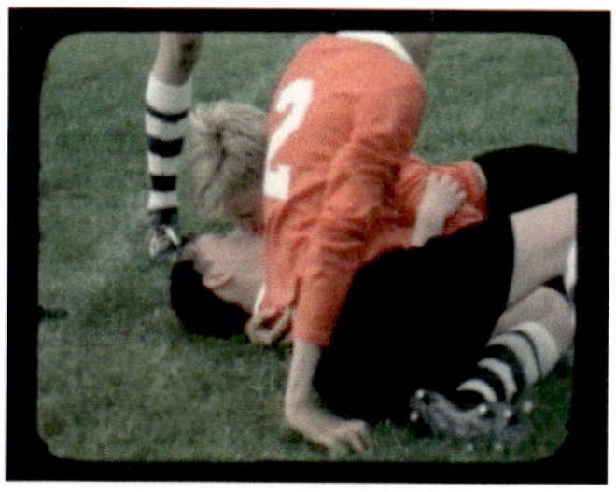

Sigur Ros „Viðrar Vel Til Loftárása“

Titel: Viðrar Vel Til Loftárása; J Birgisson, A Gunnarsson, G Holm, K Sveinsson; Video directed by Arni & Kinski; Fatcat Records

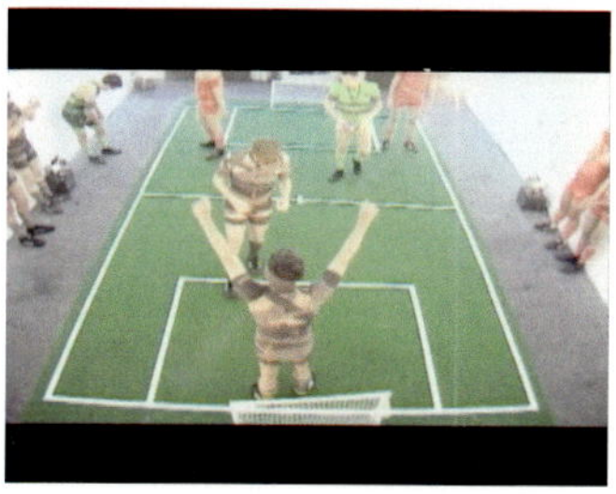

Kante „Die Summe der einzelnen Teile“

Titel: Die Summe der einzelnen Teile; Interpret: Kante;
Taken from: Zweilicht; Jahr: 2000; Erschienen bei: Kitty-Yo int.;
Director: Tom Kimmig; Composer: Peter Thiessen, Sebastian „Zapp“ Vogel, Andreas Krane, Felix Müller, Michael Mühlhaus;
Publisher: Warner Publishing/Budde Musikverlag (Edition Biathlon);
Mit freundlicher Genehmigung von Kitty-Yo;
P+C Kitty-Yo Int. 2000

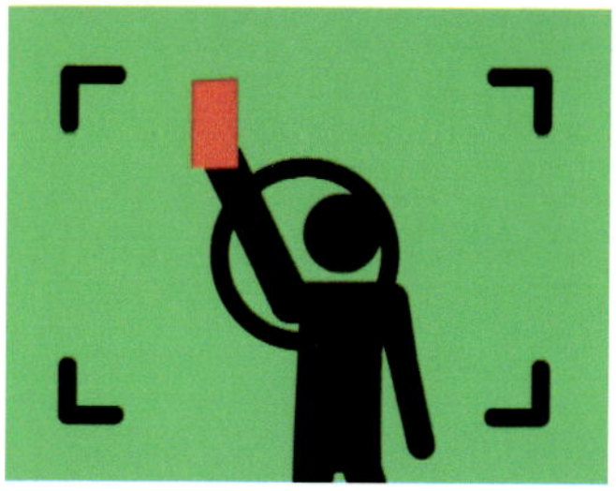

Karl Bartos „I'm the Message“

Titel: I'm the Message; (c) 2003 Home Records GmbH;
Production: Lichtmaschine; Producer: Brink + Buchholz;
Story: Karl Bartos; Director: weissraum.de (sign),
Animation: Florian Buchhaeuser; Editor: Aram Coen

BALL IM KOPF
KULT UMS KICKEN

Herausgegeben von Nils Jockel, Jens Oestreicher
Museum für Kunst und Gewerbe Hamburg 2005

Das Buch erscheint aus Anlass der gleichnamigen Ausstellung
im Museum für Kunst und Gewerbe Hamburg vom 12.11. 2005 bis zum 26.2.2006
www.mkg-hamburg.de

Mitarbeit: Dany Dewitz, Melanie Roumiguière

Gestaltung & Layout: Tom Hulan; www.blackjune.com

Art Direction: Robert Klanten

Druck: Medialis Offset, Berlin
Made in Germany

Produktion und Vertrieb: Die Gestalten Verlag GmbH & Co. KG, Berlin
www.die-gestalten.de

DVD Produktion: Bm8 GmbH; Jule Behrens

Beratung *Fußball in Werbefilmen:*
Peter Dietrich; www.peterdietrich.tv
Andy Thomas; www.creativehybrid.com

Recherchen, Clearing: Bitfilm GmbH; www.bitfilm.de

ISBN 3-89955-089-7

Bibliografische Information der Deutschen Bibliothek
Die Deutsche Bibliothek verzeichnet diese Publikation in der Deutschen Nationalbibliographie;
detaillierte bibliografische Daten sind im Internet über http://dnb.ddb.de abrufbar.

Avec le soutien de l'AFAA – Bureau des Arts Plastiques/Ambassade de France

With support from the British Council

BRITISH COUNCIL